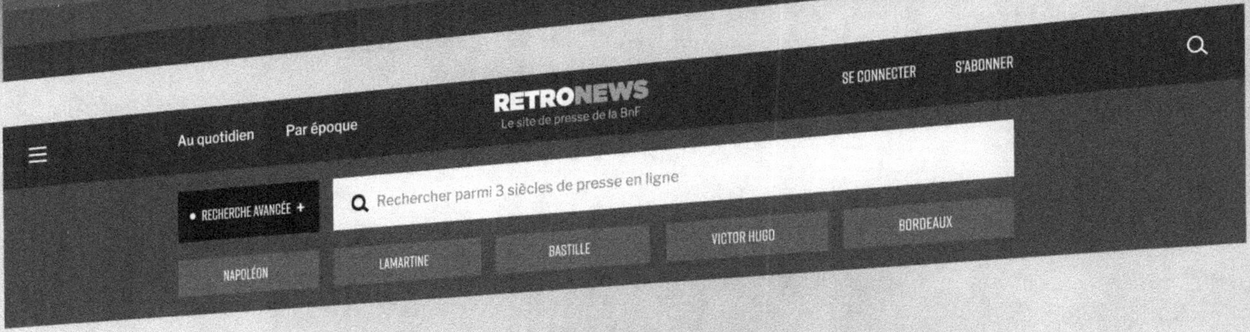

SOCIÉTÉ
D'ARCHÉOLOGIE & D'HISTOIRE
DE LA
MOSELLE

BULLETINS

SOCIÉTÉ
D'ARCHÉOLOGIE & D'HISTOIRE

DE LA

MOSELLE

BULLETINS

DES

ANNÉES 1873 ET 1874

METZ

IMPRIMERIE DE J. VERRONNAIS, RUE DES JARDINS, 14

1874

BULLETINS

DE LA

SOCIÉTÉ D'ARCHÉOLOGIE ET D'HISTOIRE

DE LA MOSELLE.

SÉANCE DU 13 MARS 1873.

PRÉSIDENCE DE M. L'ABBÉ GOULLON.

La *Société d'Archéologie et d'Histoire*, s'étant réunie en séance ordinaire, a procédé au renouvellement de son Bureau, qui se trouve composé ainsi qu'il suit :

MM. *Abel,* président ;
L'abbé *Goullon*, } vice-présidents ;
Migette, } vice-présidents ;
Jacquot, secrétaire ;
Cordier, secrétaire-adjoint ;
L'abbé *Ledain*, secrétaire-archiviste ;
Bellevoye, trésorier.

M. l'abbé Ledain a exposé que la Société avait fini par n'avoir plus de Bureau. L'ancien président, M. de Bouteiller, est parti pour la France. Les deux vice-présidents, MM. Dufresne et Dommanget, se sont éloignés de Metz par l'effet de la même cause. Le secrétaire, M. Durand, a pareillement quitté la ville. Enfin, le trésorier-archiviste, M. Lorrain, a été enlevé à la Société par la mort. C'est ce qui a amené aujourd'hui la nécessité, l'urgence de reconstituer un autre Bureau. Car la Société n'abdique point sa mission, qui est tout à la fois celle de la science et du patriotisme. Inébranlable devant les événements, elle poursuit sa route de pied ferme. Elle veut vivre et durer toujours. C'est pour répondre à de tels sentiments que viennent d'avoir lieu les élections de la séance.

M. l'abbé Ledain lit ensuite une correspondance que M. le Président de la Lorraine fait l'honneur à la Société d'entretenir avec elle, au sujet de quelques anciennes sépultures découvertes récemment près de Lezey. La Société charge M. l'abbé Ledain de répondre officiellement, sur cette communication, à M. le Président de la Lorraine.

MM. Migette et Cordier informent la Société que M. Parant, charcutier à Metz, a offert au Musée une jolie statue de la Vierge, un peu mutilée, faite dans le style de la Renaissance, et trouvée récemment dans un puits, en Plantières.

M. l'abbé Ledain ajoute que le Musée vient aussi de recevoir en don une pièce d'or d'Espagne, frappée depuis la découverte de l'Amérique et sous le règne de Philippe II, offerte par M. Moreau, rentier à Metz et membre de la Société d'Histoire naturelle.

La Société prononce l'admission de deux nouveaux membres, savoir : M. l'abbé *Pierson*, curé de Blanche-Église, présenté par MM. de Tinseau et Bellevoye ; et M. le docteur *Meyer*, professeur à l'*École Saint-Clément* de Metz, présenté par MM. Jacquot et Cordier.

M. l'abbé Goullon appelle l'attention de la Société sur la tendance actuelle qu'ont les Allemands à remplacer les vieux caractères gothiques, de leur langue, par les caractères romains dans lesquels sont écrites les langues néo-latines. Ce fait curieux fait songer à ce qui se passa chez les Juifs, au temps de la grande captivité. Dans le mélange qui se fit alors de peuple à peuple, les Juifs abandonnèrent les caractères hébreux pour adopter l'écriture chaldéenne. Entre ces faits linguistiques, l'analogie paraît frappante.

M. Jacquot fait observer que ce sont les savants qui ont introduit, en Allemagne, ce nouvel usage. A Munich notamment, les nouveaux docteurs écrivent depuis longtemps leurs thèses allemandes en caractères romains. Tels sont déjà les travaux du docteur Constantin Hœfler sur le pape Boniface VIII. Telles sont aussi les habitudes introduites à l'université de Strasbourg par le docteur Schricker, et même au lycée de Metz par le docteur Kromayer.

La Société décide que ses séances auront lieu désormais très-régulièrement.

La séance est levée à 5 heures. Y ont assisté : MM. Bellevoye, Cordier, l'abbé Goullon, Jacquot, l'abbé Ledain, Migette, de Tinseau.

OUVRAGES OFFERTS A LA SOCIÉTÉ.

Procès-Verbaux des Séances du Conseil municipal de Metz (19 mars-19 juillet 1872).

Bericht des Vorstandes der Schleswig-Holstein-Lauenburgischen Gesellschaft für die Sammlung und Erhaltung vaterlændischer Altherthümer, 1869-71.

Indicateur de l'Archéologue et du Collectionneur, envoi du Ministère de l'Instruction publique.

ROMANIA, *recueil trimestriel consacré à l'étude des langues et des littératures romanes*, les 4 premiers numéros, envoi du Ministère de l'Instruction publique.

Recueil de Mémoires et Documents de l'Académie du Val d'Isère, 2e volume, 4e livraison.

Bulletin de la Société des Antiquaires de Picardie, année 1872, nos 2 et 3.

Bulletin de la Société nationale des Antiquaires de France, 2e trimestre 1872.

Recueil de Notices et Mémoires de la Société archéologique de la province de Constantine, XVe volume.

Programme des Concours ouverts pendant l'année 1872-1873, *par l'Académie de Metz*.

Mémoires de l'Académie du Gard, 1869-1870, Tables décennales

Annales de la Société d'Emulation du département des Vosges, t. XIII, 3e cahier.

Mémoires de la Société libre d'Emulation de Liége, t. IV, nouvelle série.

Bulletin de l'Institut archéologique Liégeois.

Annales de la Société d'Agriculture, Sciences, Arts et Belles-Lettres du département d'Indre-et-Loire, publiées sous la direction de M. l'abbé Chevalier, nos 1, 2, 3, 4 et 5 de l'année 1872.

SÉANCE DU 3 AVRIL 1873.

PRÉSIDENCE DE M. ABEL.

Le procès-verbal de la séance précédente est lu et adopté.

M. Abel inaugure sa présidence par le discours suivant sur la nécessité de faire de l'*archéologie locale* :

Je suis vivement touché de l'honneur que vous m'avez fait en me nommant le président de notre Société. Je crains de ne pas être à la hauteur de ces fonctions que les temps présents ont rendues plus délicates à remplir que par le passé. Notre société, par la force des choses, se trouve scindée en deux sections qui travailleront de conserve sous une impulsion commune venue du centre de notre Société, qui est et qui sera toujours Metz. Notre association archéologique s'est formée par le concours des érudits, des travailleurs et des collectionneurs de l'ancien département de la Moselle. Nos études doivent continuer à embrasser ce terrain qui est aujourd'hui désagrégé par la politique, mais qui forme encore un tout au point de vue religieux comme au point de vue archéologique.

On ne comprend pas assez généralement en province que l'archéologie ne peut rendre à l'histoire d'un pays de vrais services qu'à la condition d'être une science locale. Aux savants des capitales telles que Berlin, Paris et Londres, il appartient d'entreprendre des travaux d'ensemble ; mais c'est aux travailleurs des provinces que sont réservés les travaux de détail, parce que eux seuls ont quelques données sur les faits antérieurs ou contemporains qui expliquent tel ou tel monument qu'il s'agit d'étudier.

Ainsi, par exemple, les recherches des savants modernes sont portées en ce moment vers les institutions celtiques. Grâce aux belles collections du *Trinity College* à Dublin et du *British Museum* de Londres, et grâce aux précieuses découvertes de M. Digby Wyatt et de M. Westwood, il est maintenant un fait acquis à l'histoire, c'est que les miniatures dites irlandaises ou anglo-saxonnes des manuscrits du VIe et du VIIe siècle sont reconnues pour avoir un cachet celtique. Ce qui les caractérise ce sont des rubans entrelacés et tressés dans lesquels jouent des oiseaux, des hommes et des animaux (1).

La bibliothèque des princes d'Oettingen-Wallerstein, à Maihingen, renferme un évangéliaire de cette époque ; on lui reconnaît immédiatement les caractères celtiques de la miniature irlandaise.

Ce manuscrit ayant été déposé quelque temps au Musée germanique de Nuremberg, M. Wattembach, professeur à l'Université d'Heidelberg, a eu la pensée de l'étudier de près. Et dans l'*Anzeiger fur Kunde der Deutschen Vorzeit,* M. Wattembach donne une description du manuscrit qui ne laisse rien à désirer, si ce n'est sous le rapport de l'histoire de ce précieux monument calligraphique du VIe siècle.

Sur une feuille de garde se trouve la mention suivante :

Lapidibus contexti codicis scriptura est uncialis merovingica de sæculo sexto desinente : alter de eodem circiter tempore scriptus scriptura Anglo-Saxonica ad uncialem accedente ; uterque codex ingentis raritatis ac valoris numerarii si venderentur qui valor deberet excedere 125 ludovicos aureos pro unoquoque. Dom Maugerard in mon. S. Arnulphi magni Franciæ Eleemosinarii bibliothecarius regiæ Academiæ Met. socius in camera episcopali regularium commissarius.

---

(1) M. Wilhelm Unger, professeur à l'Université de Gœttingue, accepte cette donnée dans une notice très-bien faite sur la miniature irlandaise, son origine et son développement (*Revue celtique*, t. 1).

Cette note donne l'origine de ce manuscrit à miniatures irlandaises. Il existait dans la bibliothèque de l'abbaye de Saint-Arnould, dont le bénédictin Maugerard était bibliothécaire en 1769. Il nous appartient à nous érudits messins de raconter comment des moines irlandais ont été installés dès l'an 620, en avant de la porte Scarponaise, par l'évêque Pappole, sous le vocable des Saints-Innocents, vocable remplacé par celui de Saint-Symphorien. Le tombeau de Pappole fut découvert en l'an 1513, et il était en mosaïque, dans le genre de celui de la reine Brunehaut conservé à Saint-Denys. On trouva cette tombe dans les ruines de la primitive abbaye de Saint-Symphorien, précisément à l'endroit où l'on est en train d'effectuer de nouvelles fouilles pour la création du canal de la Moselle à la Marne et d'un port de commerce. L'attention des archéologues messins doit donc être éveillée, car il peut se faire que l'on retrouve en ce lieu des restes de sépultures mérovingiennes, ou au moins des monnaies austrasiennes.

Je citerai comme nouvel exemple de la nécessité de localiser les études archéologiques, ce qui vient de se passer à propos de la rencontre de cercueils de pierres à Lezey (cercle de Château-Salins).

Y avait-il en cet endroit un prieuré comme on l'a dit? Nous autres, à Metz, consultés sur cette question, nous n'avons pu que renvoyer à nos confrères de la Société d'archéologie lorraine, qui ont fait du bassin de la Haute-Seille une étude spéciale. Il est très-facile de se tromper sur l'existence des prieurés. Ainsi M. Lepage, dans son livre sur l'*Ancien diocèse de Metz et pouillés de ce diocèse,* constate que le Pouillé de 1544 donne le titre de prieuré à un établissement qui semble n'avoir jamais eu cette qualification : Saint-Pierre-aux-Arènes hors de Metz. Les Bénédictins, suivant M. Lepage, consacrent à Saint-Pierre-aux-Arènes « un » assez long article auquel je crois, dit-il, devoir emprunter les » lignes suivantes, desquelles il ressort clairement que ce ne fut » pas un prieuré. »

Eh bien, M. Lepage qui a cru mettre nos bénédictins messins en contradiction avec eux-mêmes, est dans l'erreur la plus complète. L'Obituaire de l'abbaye Saint-Clément, rédigé dans la seconde moitié du XIIe siècle, nous révèle l'existence de *Maheu prior*

Sti Petri ad Harenas, indiqué en un autre endroit par son lieu de naissance Maheu de Thescy : *Bernardus prior Sti Petri ad arenas* et d'une écriture plus récente, en 1384 *Johes Formey Sti Petri ad arenas* et d'une écriture moderne : 1617, *Gerardinus prior Sti Petri ad arenas*.

On voit combien il est dangereux de faire de l'archéologie à distance.

De même, quoique l'arrondissement de Briey dépende désormais de la préfecture de Meurthe-et-Moselle, ce ne sont pas les archéologues de Nancy qui pourront étudier nettement les trouvailles de Puxieux et en faire ressortir des inductions historiques.

Il faut pour cela posséder une connaissance topographique du territoire et avoir procédé comme l'a fait la Société au classement méthodique de ces découvertes si instructives pour l'époque des invasions dans notre contrée.

Nous regrettons que M. Clesse, dans sa belle histoire de Conflans, n'ait pas jugé à propos de consacrer un chapitre et des lithographies au *Castrum* de Puxieux.

De même ce ne sont pas les archéologues de Trèves qui, malgré leur capacité, pourront étudier avec profit les voies romaines de la Moselle et les localités gallo-romaines qui s'y trouvaient, telles que *Caranusca* et *Ricciacum*. De même c'est à la Société d'histoire et d'archéologie de la Moselle qu'est réservé le soin de tirer les conséquences historiques de la trouvaille de *Mandren*.

Mettons-nous donc à l'œuvre ; que chacun s'adonne à la partie qui lui est plus familière, monnaies, manuscrits, miniatures, ruines romaines, abbayes gothiques, vitraux, sculptures moyen âge Que chacun se laisse aller à sa spécialité et qu'il vienne nous faire connaître le résultat de ses recherches. Nous serons empressés de nous instruire les uns les autres, et le bureau s'empressera de publier ces travaux dans nos Bulletins mensuels ou dans le volume de nos Mémoires. Et grâce à cette solidarité de travail, la Société d'histoire et d'archéologie de la Moselle fournira encore une longue et noble carrière.

Par une lettre de Paris du 17 mars 1873, M. le vicomte de Ponton d'Amécourt, président de la Société française de numismatique, avait exprimé, au conservateur du Musée archéologique de Metz, le désir de savoir si une pièce de cuivre, avec le nom du roi Théodebert, frappée à Châlons-sur-Saône et publiée par Bouteroue, se trouvait dans le cabinet des médailles. Il lui a été répondu par M. l'abbé Ledain, qu'il n'y a, de Châlons-sur-Saône, qu'un tiers de sol d'or avec le nom de l'officier monétaire MUMMOUS. Cependant le cabinet de Metz possède trois monnaies de Théodebert I, deuxième roi de Metz ou d'Austrasie, qui régna de l'an 534 à l'an 548 ; ce sont un sol d'or, frappé à Verdun, un tiers de sol, frappé à Metz, et un autre tiers de sol, sans indication de ville. Ils sont décrits dans le *Catalogue des monnaies mérovingiennes* de M. Victor Jacob, publié en 1869 dans les Mémoires de notre Société.

M. Bellevoye lit une lettre de feu le R. P. Bach, concernant les travaux que ce savant confrère avait fournis pour les futurs Mémoires de notre Société.

M. Migette lit un travail de M. Auguste Prost sur des *Fragments du tombeau de Louis-le-Débonnaire*, qui avait été placé dans l'église de Saint-Arnould, à Metz.

M. Cordier présente un dessin d'une *vue perspective de l'église Saint-Eucaire*, à Metz, côté méridional. Le même confrère communique aussi le plan d'une *reconstruction de l'église Saint-Barthélemy*, à Ay-sur-Moselle.

M. Migette propose la création d'un *Musée chrétien* à Metz, et lit une note justificative à l'appui de sa proposition. Toute la Société s'empresse d'adhérer à la proposition de M. Migette, et M. Abel ajoute que l'architecte diocésain, M. Racine, avait eu cette idée. Déjà même, dans cette intention, M. Racine avait fait transporter dans la crypte tous les débris trouvés dans l'intérieur de la Cathédrale et près de l'ancien portail d'angle. Mais les circonstances seules ont empêché de compléter cette œuvre, qui est très-facile à réaliser ; on n'a qu'à suivre l'exemple donné à Trèves.

CRÉATION D'UN MUSÉE CHRÉTIEN A METZ.

Dans beaucoup de villes on a organisé des Musées archéologiques, mais dans quelques-unes seulement les restes d'un ancien monument transformé ont suffi pour en former un dans le monument même. Ainsi à Vézelay, M. Viollet-le-Duc a créé un Musée dans les galeries supérieures du Nartex de l'église avec les débris qu'il a découverts pendant la restauration, autant en avait fait M. Lassus dans les cryptes de la cathédrale de Chartres.

Je crois qu'à Metz on pourrait faire de même, et le devoir de la Société archéologique est de ne pas laisser oublier que les cryptes de la cathédrale renferment de nombreux monuments précieux parmi lesquels on remarque un sépulcre dont les figures sont de grandeur naturelle, des débris de tombeaux et d'autels qui ornaient autrefois la cathédrale, ceux du jubé démoli en 1791, et retrouvés il y a quelques années sous les dalles du chœur, et bien d'autres fragments provenant de différentes réparations ou démolitions extérieures, entre autres de la porte latérale que nous voyons encore à l'état de ruine du côté de la place d'Armes.

Tous ces restes si intéressants pour la ville sont bien abandonnés, peu soignés, nullement classés, et cependant il serait facile d'obtenir avec eux une collection bien utile pour l'histoire de l'art religieux à Metz et des diverses transformations du plus beau monument du pays. Je crois aussi que tous ces débris bien examinés donneraient assez de parties de certains tombeaux ou autels pour pouvoir les rétablir presque complétement.

M. de Tinseau demande ce que devient l'*Oratoire des Templiers*, quelle est présentement sa situation archéologique, quels sont ses rapports actuels avec notre Société. Le Président répond que ce monument appartient à l'État, mais qu'il est surveillé par la Société d'archéologie, et que les événements n'ont rien pu changer à sa situation.

M. Jacquot dit que les Anglais qui viennent présentement visiter Metz, ne trouvent rien de plus curieux dans toute la ville que l'*Oratoire des Templiers*. Tous vont avec plaisir le visiter, et en reviennent émerveillés, d'après le témoignage de M. Hamilton, qui accompagne ordinairement ces nombreux touristes.

M. Bellevoye présente son rapport sur l'état des finances. Pour l'année 1870-71, la situation est en règle. Pour l'année 1871-72, il se trouve en caisse 1926 fr. 20 cent., et il reste à toucher 300 francs qui sont dûs sur le budget de la ville; ce qui forme un total de 2226 fr. 20 c., pour l'avoir actuel.

En conséquenee, il est décidé que l'impression des Bulletins et des Mémoires sera désormais activement poussée, afin que les membres de la Société d'Archéologie qui n'habitent pas Metz et le public lettré, en général, prennent ainsi connaissance de ses études et de ses travaux.

Plusieurs membres nouveaux sont admis, savoir :

1° M. l'abbé *Cavillon*, docteur en droit, résidant au Grand-Séminaire de Metz, présenté par MM. les abbés Goullon et Ledain;

2° M. *Sendret*, négociant à Metz et membre du Conseil municipal, présenté par MM. Migette et Abel;

3° M. *Lorrain*, propriétaire à Metz, présenté par MM. de Tinseau et Abel ;

4° M. *Frache*, chef d'établissement à Metz et directeur du spectacle-concert du Midi, présenté par MM. Jacquot et Cordier.

La séance est levée à cinq heures. Y ont assisté : MM. Abel, Bellevoye, Cordier, l'abbé Goullon, Jacquot, l'abbé Ledain, Migette, de Tinseau.

OUVRAGES REÇUS.

Die Denkmæler der Elfenbeinplastik des grossherzoglichen Museums zu Darmstadt in Kunstgeschichtlicher Darstellung. Von dem historischen Verein für das Grossherzogthum Hessen herausgegebene Festschrift zur Feier der vom 16 bis 20 September 1872, in Darmstadt tagenden Genevalversammlung der deutschen Geschichts-und Altherthumsvereine, von Hofrath. Dr. Georg Schaefer; Darmstadt, 1872.

Ueber die Geschichtschreibung unter den Kurfürsten Maximilian I. Vortrag in der öffentlichen Sitzung der K. Akademie der Wissenschaften am 27 März 1872 zur Vorfeier ihres einhundert und dreizehnten Stiftungstages gehalten von Dr. Johann Friedrich; München, 1872.

Zur Geschichte der Universitæt Strassburg. Festschrift zur Eröffnung der Universität Strassburg am 1 Mai 1872 von Dr. August Schricker, Senats-Secretär; Strassburg, 1872.

Prospectus de la nouvelle édition de l'Histoire gé-

nérale de Languedoc, envoi de l'éditeur Edouard Privat, de Toulouse.

Première liste par ordre alphabétique des souscripteurs à l'Histoire générale de Languedoc, envoi du même.

Deuxième liste par ordre alphabétique des souscripteurs à l'Histoire générale de Languedoc, envoi du même.

SÉANCE DU 8 MAI 1873.

PRÉSIDENCE DE M. L'ABBÉ GOULLON.

Le procès-verbal de la séance précédente est lu et adopté.

M. l'abbé Ledain annonce à la Société que, d'après une lettre récente qu'il a reçue de M. le vicomte de Ponton d'Amécourt, la *Société française de numismatique* nous enverra prochainement la collection de ses publications, en échange de la collection de nos Mémoires et Bulletins, dont elle accuse récépissé.

M. Jacquot lit une *Notice sur Labeuville et Tantelainville*, envoyée à la Société par M. Gaston de Faultrier.

Toul, 6 mai 1873.

Monsieur le Président,

Je viens de recevoir la convocation pour la séance de jeudi et avec les plus vifs regrets que j'éprouve de ne pouvoir m'y rendre, je tiens à vous faire part de deux consultations qui m'ont été faites dernièrement et méritent encouragement. Je les transmets à la Société, beaucoup plus compétente que moi. Il s'agit d'une part de la démolition de l'église de Labeuville, et, d'autre part, de la reconstruction de la chapelle de N.-D. de Tantelainville, paroisse de Vionville.

LABEUVILLE.

« L'église de Labeuville est située dans la Meuse, à 2 ou 3 kilomètres d'Hannonville-au-Passage. Elle me paraît être une des plus curieuses églises que les conseils municipaux modernes, dans leur fureur du neuf quand même, aient laissé debout dans notre pays. Ainsi que le montre le croquis ci-joint, elle se compose d'une tour carrée avec meurtrières et restes de languettes, et d'une nef plus moderne reconstruite au xve siècle, flanquée, près de la tour carrée, d'une tour ronde servant encore d'entrée. La porte, encore revêtue de lames de fer, est surmontée d'un *moucharaby*. Cette église a été très-vaillamment défendue par les habitants contre les Suédois, en 1636; elle porte encore les traces des projectiles. Les élégantes nervures du chœur portent deux écussons, l'un sans armoiries et l'autre blasonné en croix (lès Apremont, sans doute). On y voit une crédence et une *monstrance* gothiques.

» Sur une dalle coupée en deux, on lit la moitié d'épitaphe suivante : CY GIEST. HONORABLE HOME GIRAR........ VI DECEDA LE VI JOVR DE MARS 1587. PRIE DIEV POVR SON AME.

» On voit aussi encastrée dans le mur l'épitaphe suivante :

CY. DEVANT. REPOSE LES COR
PS. DHONESTE. CONJONCT
EN. LEVRS. VIVANT. VRBAIN
CLEMANT ESCHEVIN. EN
LA. JVSTICE. SPERITVEL. DE
CE. LIEV. ET BARBE. WALTREN.
SA. FEMME. LEQVEL. DICT. CLE
MANT DECEDA. LE. 8 MAY 16[27]
ET. LADICT BARBE. LE. 4 AVRIL
1632. PRIEZ. DIEV POVR LEVR
AME.

» Je n'ai pas ici les éléments nécessaires pour esquisser l'histoire de Labeuville. La plus grande voie romaine d'*Ibliodurum* passait près de là, et on en constate les traces dans les environs. Il n'y avait pas de château à Labeuville, qui, je crois, dépendait de la terre de Gorze; cependant les Gournay-Marchéville en devinrent seigneurs par les d'Apremont (aux Merlettes) à la fin du XVIe siècle.

» Le vénérable curé de la paroisse, M. l'abbé Paquin, s'occupe un peu d'antiquités; il m'a montré un sceau du moyen âge, portant une *croix accompagnée en chef de deux billettes*, sceau trouvé aux environs, mais dont la légende m'a paru indéchiffrable.

» La commune voudrait élever un *beau clocher neuf* à la place de la grosse tour carrée, et consentirait, jusqu'à ce que l'argent vienne, à laisser encore debout la nef gothique. La question est pendante au conseil des bâtiments civils à Bar-le-Duc. M. le curé recevrait avec reconnaissance tous les documents historiques ou généalogiques qui lui permettraient de faire revivre les souvenirs locaux dans ce qu'on lui laissera de sa vieille et vénérable église; c'est pour cela qu'il m'a consulté et que je fais appel, au sein de notre Société, à de plus compétents que moi.

» Je crois que la Société philomathique de Verdun ne s'est jamais occupée de cette église, située d'ailleurs à nos confins. Toujours est-il qu'il y a une dizaine d'années elle a laissé badigeonner en blanc (*pour cause de propreté!!!*) des peintures murales qui décoraient toute l'église et que je me souviens encore avoir vues. »

TANTELAINVILLE.

« M. le curé de Vionville, qui a déjà fait élever une vierge de Tantelainville à la suite de la bataille du 16 août 1870, voudrait de plus relever ce sanctuaire célèbre au moyen âge dans le pays de Gorze.

» Tantelainville est cité dans la charte de fondation de l'abbaye de Gorze en 745, et on retrouve souvent son nom dans le cartulaire. Ferry de Chambley, au XVe siècle, fait, par testament, un legs à N.-D. de Tantelainville. J'en ai parlé dans plusieurs notes lues à la Société. M. le curé de Vionville voudrait publier une notice historique sur cette chapelle; et les anciens souvenirs, rapprochés de ceux de la bataille de Rezonville, qui s'est livrée en grande partie sur le territoire de l'ancien Tantelainville, donneraient à cette notice un certain intérêt. Il m'a chargé de faire appel à notre Société pour la réunion des documents, qu'il recevra avec grande reconnaisaance.

» Les chœurs romans des églises de Rezonville, Vionville et Tronville sont très-curieux à étudier et à comparer. »

Recevez, Monsieur le Président, l'expression nouvelle de mes sentiments les plus respectueux, affectueux et dévoués.

GASTON DE FAULTRIER.

M. Migette rend-compte à la Société d'une trouvaille d'antiquités romaines, faite au Sablon tout récemment par M. Cordier.

UNE TROUVAILLE D'ANTIQUITÉS ROMAINES AU SABLON.

Le mois dernier, au Sablon, à 200 mètres à peu près, au nord-est de l'église, dans une carrière de sable, située dans un lieu nommé *Cloître Saint-Jean*, et déjà mentionné, il y a quelques années par M. Abel (1), on a mis de nouveau au jour des ossements humains, 13 ou 14 têtes et un squelette assez complet, près duquel on a trouvé une bouteille en verre parfaitement conservée, d'une teinte verte et d'une forme gracieuse qui indique une industrie assez avancée : sa hauteur est de 15 centimètres, et sa plus grande largeur en a 11. Le col a 6 centimètres de hauteur sur 2 de large.

Dans la même excavation, on a trouvé des tuiles à rebords et différents objets en fer, que les ouvriers disent être, en partie, des fers de lances. Ces objets ont disparu, sans pouvoir être retrouvés; mais grâce à M. Cordier, notre confrère, qui dirige près de là le tracé d'une voie nouvelle, la bouteille a été découverte une seconde fois, et j'ai pu l'acquérir pour la petite collection de l'hôtel de ville.

M. Bellevoye soumet à la Société une facture de 109 francs qui a été présentée par M. Petitmangin, pour

---

(1) *Le Sablon*, étude historique.

la pose de l'épitaphe de Pierre Perrat, jadis votée par la Société. La décision sur cette question financière est renvoyée à la prochaine séance.

M. Migette rappelle un ancien usage relatif aux concours de dessin, et qui aujourd'hui tend à se perdre. Il y a dix ans, on faisait faire aux élèves, comme études d'architecture, des dessins de tous nos vieux monuments. Cette habitude avait le double résultat de donner des notions exactes d'architecture, et de conserver pour l'avenir des dessins précieux au fur et à mesure que nos anciens monuments disparaissent. Malheureusement cette habitude se perd, et il est à désirer que la Société archéologique use de toute son influence pour provoquer de la part des autorités municipales le retour à l'ancienne méthode.

LES MONUMENTS CHOISIS POUR OBJET DES CONCOURS DE DESSIN.

Tous les jours on découvre encore à Metz, au milieu des habitations de nos vieux quartiers, des restants variés de notre ancienne architecture civile et religieuse, depuis l'époque romane jusqu'à la fin de ce XVIIe siècle, dont les créations sont assez remarquables par leur heureuse disposition et leur originalité pour ne pas être négligées par les archéologues.

Ces parties de chapelles, d'hôtels, de maisons, de puits, d'escaliers, d'anciennes salles, de cheminées, etc., sont quelquefois presque complètes, souvent suffisantes pour rendre la restitution de l'ensemble facile, et pourraient, si toutes étaient recueillies ou dessinées, tenter un jour quelque architecte archéologue ou amateur instruit et zélé de nous faire le récit des nombreuses applications des arts du dessin dans notre pays et nous donner, grâce à une nouvelle influence intellectuelle, des notions ignorées encore sur les habitudes locales de nos populations d'autrefois.

Il y a une dizaine d'années, on avait pris l'habitude, dans notre école municipale de dessin, pour donner aux élèves des notions d'architecture, si utiles à tant d'ouvriers, de leur faire dessiner nos anciens monuments; ils suivaient ainsi, comme nos remarquables architectes du moyen âge (1) et de la renaissance, la meilleure voie qui mène vers le complément de ces importantes études, et ils procuraient en même temps à nos collections de précieux souvenirs d'édifices historiques dont plusieurs ont déjà disparu. Si l'on avait continué ce travail, si utile aux élèves, et si intéressant pour ceux qui demandent encore des conseils aux temps passés, il nous resterait peu à faire pour compléter nos recueils. Ne pourrait-on pas reprendre ces études trop vite abandonnées? Ce travail, exposé à la fin de l'année, ferait comprendre aux uns le mérite de ce que nous avons encore, et donnerait en outre une idée précise du savoir des élèves et de la direction qu'ils suivent.

Vers la fin du siècle dernier, en 1790, 91, 92, une autre excellente mesure avait été prise par le bureau d'architecture de la ville, dirigé alors par M. Gardeur-Lebrun. Tous les bâtiments de la cité qui menaçaient ruine et dont la démolition ou la transformation devait avoir lieu, étaient mesurés et dessinés avec soin; grâce à cette intelligente décision, qui, malheureusement, comme tant d'autres dignes d'être maintenues, n'a pas été suivie longtemps, nous avons dans nos archives municipales des dessins très-curieux de quelques anciennes maisons de la bourgeoisie messine, entre autres plusieurs du fameux Champ-à-Seille, cette vaste place entourée d'arcades, qui pendant plusieurs siècles de liberté a été illustrée par tant de cérémonies imposantes, dont nos précieux chroniqueurs, trop peu connus, nous donnent des descriptions si intéressantes, si instructives et pénétrées d'un si touchant patriotisme.

M. Puyperoux appuie chaleureusement la proposi-

---

(1) Voir l'*Extrait de l'Album de Villurd de Honnecourt*, architecte du XIIIe siècle, Manuscrit publié par Lassus, architecte, 1863, et la *Vie des peintres, sculpteurs et architectes*, par Giorgio Vasari.

tion et les observations de M. Migette. Il ajoute qu'il y aurait lieu d'agiter prochainement la question au sein même du Conseil municipal, et que M. Migette pourrait très-utilement y réitérer sa motion.

M. Sendret manifeste un avis conforme à celui de M. Puyperoux concernant la motion de M. Migette, et il se déclare prêt à l'appuyer aussi dans le Conseil municipal.

M. l'abbé Ledain commence la lecture d'un travail intitulé : *Découvertes numismatiques. — Monnaies espagnoles.*

M. Jacquot présente à la Société plusieurs objets romains, offerts par M. Goussel-François, négociant à Metz.

Par une lettre écrite de Guentrange, le 7 mai 1873, M. Abel, président de la Société d'Archéologie, annonce à M. Migette, vice-président, qu'il communiquera prochainement un *diptyque du XIIIe siècle* provenant de *l'abbaye de Saint-Pierremont.*

La Société apprend avec regret la perte de deux de ses anciens membres, savoir : 1° la mort du *Dr Finot,* connu par ses travaux sur l'histoire de Metz envisagée au point de vue médical et hygiénique, comme aussi par sa copie des *observations séculaires de Paul Ferry*, donnée aux archives départementales ; 2° la mort de *M. de Caumont*, justement appelé le *Père de l'archéologie française*, qui recommandait spécialement les dessins des monuments et qui approuvait beaucoup le *musée Migette.*

M. Cordier présente quelques observations sur le portail de la cathédrale de Metz, que les architectes allemands ont le projet de reconstruire. Autrefois M. Aug. Prost a souvent pensé et répété que *le portail actuel consolide l'édifice*. L'idée de M. Prost est aussi celle de M. Cordier. Si donc, au point de vue architectural, le portail défigure le monument par sa disparité de style, il lui sert en même temps de contrefort pour la solidité. Cette considération est assez grave pour que la Société archéologique s'en préoccupe. Il serait donc opportun, dans le cas d'une reconstruction prochaine du portail, que l'attention des architectes allemands soit particulièrement et dûment attirée sur ce point.

Plusieurs membres nouveaux sont admis, savoir :

1° M. le *comte Durutte*, compositeur de musique et membre de l'Académie de Metz, présenté par MM. Migette et l'abbé Ledain ;

2° M. *l'abbé Goergens*, docteur en théologie, aumônier et professeur supérieur au lycée de Metz, présenté par MM. les abbés Goullon et Ledain ;

3° M. *Jacquemin*, architecte à Metz, présenté par MM. Migette et Cordier;

4° M. *Letixerant*, négociant à Metz, présenté par MM. Puyperoux et Cordier;

5° M. *Goussel-François*, négociant à Metz, présenté par MM. Puyperoux et Cordier ;

6° M. *Thomas*, imprimeur à Metz, présenté par MM. de Tinseau et Bellevoye ;

7° M. *Thiriot*, professeur de musique à Metz, présenté par MM. Sendret et Jacquot.

8° M. *Michel*, professeur à l'*École Saint-Clément* de Metz, présenté par MM. Sendret et Jacquot.

La séance est levée à cinq heures. Y ont assisté : MM. Bellevoye, de Bollemont, Cordier, l'abbé Goullon, Jacquot, l'abbé Ledain, Lorrain, Migette, Puyperoux, Sendret, de Tinseau.

OUVRAGES REÇUS.

Procès-verbaux des séances du Conseil municipal de Metz.

Bulletin de la Société pour la conservation des monuments historiques de l'Alsace.

Ueber die Geschichtschreibung unter dem Kurfürsten Maximilian I. Vortrag in der œffentlichen Sitzung der K. Akademie der Wissenschaften am 27 Mærz 1872 zur Vorfeier ihres einhundert und dreizehnten Stiftungstages gehalten von Dr Johann Friedrich, a. o. Mitglied der historischen Classe ; Münich, 1872.

SÉANCE DU 12 JUIN 1873.

PRÉSIDENCE DE M. MIGETTE.

Le procès-verbal de la séance précédente est lu et adopté.

M. Jacquot présente à la Société trois belles photographies données par MM. Collet frères. Ces photographies représentent l'abbaye Saint-Clément de Metz à trois points de vue, savoir : le portail de la chapelle, l'intérieur de la chapelle et la grande façade du monument prise de l'intérieur des cours. La collection complète de tous les monuments de Metz et du pays messin, reproduits en photographie par MM. Collet frères, est aussi promise à la Société, qui témoigne avec empressement sa reconnaissance pour ce don précieux.

M. l'abbé Ledain continue et termine la lecture de son travail intitulé : *Découvertes numismatiques. — Monnaies espagnoles*. La Société décide que ce travail sera publié dans ses prochains Mémoires.

Plusieurs observations sont faites par MM. Migette, l'abbé Ledain, Bellevoye, et Jacquot sur les *Bulletins* et *Mémoires* de la Société. La marche des impressions est d'une lenteur extrême ; elle est préjudiciable aux intérêts moraux et matériels de la Société ; il est urgent d'y apporter remède. La disposition des matières présente aussi certaines difficultés. La Société charge le Bureau de régler lui-même ces difficultés pratiques et tous les détails de l'administration, de façon à ménager le temps des séances pour les travaux scientifiques. La Société délègue en particulier à M. l'abbé Ledain, son secrétaire-archiviste, le soin de diriger les impressions et d'accélérer les publications, dont la marche plus rapide est, en effet, très-désirable.

M. l'abbé Cavillon présente à la Société la copie soigneusement faite du *Pouillé de l'abbaye de Justemont*. Notre confrère explique d'une façon très-intéressante l'origine de ce Pouillé curieux à divers titres, et la manière dont il en a fait la découverte. C'est un manuscrit de 1750, in-folio, en deux parties assez volumineuses. La première a 965 pages, qui sont entières, la deuxième en a 986, mais avec quelques lacunes, que cependant M. l'abbé Cavillon est parvenu fort heureusement à compléter dans sa copie.

M. Bellevoye lit une lettre de M. Robert, sur la trouvaille numismatique faite récemment entre Daspich et Suzange. Il s'y trouve des Othon, des Adalbéron et autres pièces qui semblent très-curieuses.

M. l'abbé Cavillon communique quatre pièces de cette trouvaille, qu'il est parvenu à se procurer. Il espère en obtenir d'autres.

M. Jacquot commence la lecture d'une *Histoire des écoles d'Austrasie*, dont il communique seulement le premier chapitre, formant l'*Introduction*.

La séance est levée à cinq heures. Y ont assisté : MM. Bellevoye, l'abbé Cavillon, Cordier, Durand de

Distroff, le comte Durutte, Frache, Jacquot, l'abbé Ledain, Lorrain, Michel, Migette.

OUVRAGES REÇUS.

Procès-verbaux des séances du Conseil municipal de Metz (8 février et 1er mars 1873).

Répertoire des travaux de la Société de Statistique de Marseille, tome XXXIV.

Bulletins de la Société des Antiquaires de France, tome XXXIII.

SÉANCE DU 10 JUILLET.

PRÉSIDENCE DE M. MIGETTE.

Le procès-verbal de la séance précédente est lu et adopté.

M. Lambert, médecin - dentiste, est admis sur la présentation écrite de MM. l'abbé Ledain, Migette et Cordier.

La collection des *anciennes mesures messines* qui étaient à l'hôpital de Bon-Secours est offerte en cadeau pour le Musée archéologique, et la Société reçoit ce don avec une vive reconnaissance.

M. Bellevoye présente un moulage du monument de la déesse Sirona, trouvé en 1750, aux environs de Saint-Avold, et détruit dans le bombardement de Strasbourg. Ce moulage précieux du monument perdu a été retrouvé à Paris, et M. l'intendant général Robert s'est empressé d'en envoyer un exemplaire au Musée archéologique de Metz. La Société témoigne sa reconnaissance de cet envoi et vote des remerciements en conséquence à M. Robert.

M. Jacquot continue la lecture de son *Histoire des écoles d'Austrasie.*

M. Migette appelle l'attention de la Société sur les monuments de Metz, et notamment sur l'*Hostel Sainct*

Livier, de la rue des Trinitaires. Une notice particulière de ce monument est donnée dans l'*Architecture civile et domestique*, par Aymar Verdier et Cottois. La Société entend avec intérêt la lecture de cette notice faite par le secrétaire.

M. Sendret signale d'autres monuments de Metz comme dignes d'attention, et s'enquiert de leur origine.

M. de Tinseau revient sur la question de l'*Oratoire des Templiers*. Différentes observations sont échangées à ce sujet entre MM. le docteur Gœrgens, de Tinseau, Jacquot, Bellevoye et Migette. On décide que M. Abel, président, sera prié de faire prochainement les démarches nécessaires à ce sujet, et que M. Jacquot, secrétaire, s'adressera de son côté à M. l'inspecteur Gross, professeur d'archéologie à l'Université de Strasbourg, officiellement chargé de prononcer sur le sort de nos monuments.

M. le docteur Gœrgens, qui a assisté M. le professeur Gross dans son inspection des monuments de Metz, exprime le regret de n'avoir pu visiter les antiquités romaines du couvent des Carmélites, et s'enquiert du moyen possible de pénétrer jusqu'à ces monuments d'une si haute valeur pour les archéologues. Un membre ecclésiastique de la Société, M. l'abbé Vion, croit que l'autorisation désirée sera facilement obtenue par la voie de l'autorité épiscopale.

Le président communique à la Société une note de M. l'abbé Ledain, secrétaire-archiviste, fixant l'ordre de publication des travaux dans les *Bulletins* et *Mé-*

moires de l'année 1873. La Société donne son approbation pleine et entière à l'ordre des matières établi par M. l'abbé Ledain.

La séance est levée à quatre heures et demie. Y ont assisté : MM. Bellevoye, Cordier, Durand de Distroff, Frache, l'abbé Gœrgens, Jacquot, le docteur Meyer, Michel, Migette, Sendret, de Tinseau, l'abbé Vion.

OUVRAGES REÇUS.

Programme des concours ouverts par l'Académie de Metz, pour l'année 1873-74.

Publications de la Société archéologique du Grand-Duché de Luxembourg, vol. XXVII.

Annales de la Société d'agriculture, sciences, arts et belles-lettres du département d'Indre-et-Loire, tome LI et tome LII.

Archéologie préhistorique. — Le camp de Catenoy (Oise), par M. Ponthieu, 6e livraison ; Beauvais, 1873.

SÉANCE DU 14 AOUT 1873.

PRÉSIDENCE DE M. ABEL.

Le procès-verbal de la séance précédente est lu et adopté.

Le Secrétaire annonce à la Société la perte qu'elle a faite récemment de M. l'abbé Goullon, vice-président, décédé dans sa paroisse de Sainte-Ruffine, où il était curé. Au nom de la Société, M. Abel paie un juste tribut d'éloges et de regrets à la mémoire du vice-président défunt.

M. l'abbé Goullon était né à Metz. Dès son enfance, il s'occupait avec passion de notre histoire locale. Plusieurs trouvailles archéologiques sont dues à ce savant confrère. C'était un ecclésiastique aussi laborieux que modeste. Sa mort regrettable, presque soudaine, au retour d'un voyage aux eaux de Plombières, entrepris pour cause de santé, est une perte vivement sentie par tous les membres de notre Société.

Après cet hommage légitime rendu au défunt, M. Abel propose à la Société de nommer M. l'abbé Ledain vice-président, pour remplacer M. l'abbé Goullon. Cette proposition, que décline tout d'abord

M. l'abbé Ledain, est maintenue avec insistance et votée par toute la Société.

La Société décide, en même temps, que M. l'abbé Ledain conservera ses fonctions d'archiviste avec son nouveau titre, et qu'il continuera de diriger l'impression des *Mémoires*, des *Bulletins*, et, en général, de toutes nos publications.

M. l'abbé Ledain rend compte de l'état présent des publications. Il annonce l'apparition très-prochaine d'un premier volume devant former le tome XII des *Mémoires*, et soumet ses idées sur la composition des tomes suivants, destinés à combler les lacunes produites dans la série des publications par le malheur des temps.

M. Abel estime que les *Mémoires* publiés dans l'ordre des tomes XII et XIII, et les *Bulletins* arriérés de 1872, présenteront des avantages pour le recouvrement de la subvention française, allouée par le Ministre à la succursale de Briey.

Sur une demande d'explications, qui est faite par plusieurs membres, M. Abel annonce qu'une somme de 400 francs vient d'être allouée par le gouvernement français à la Société, à cause de la succursale française établie à Briey. En même temps, M. Abel représente qu'il y a urgence de constituer définitivement cette succursale. En conséquence, il propose d'y nommer une délégation ou un bureau annexe, qui porterait le nom de *Comité de Briey*, ou de *Section d'Histoire et d'Archéologie*, et qui se composerait comme il suit :

MM. Rollin, maire de Briey, *Président;*
Stoffels, procur. de la République, *Vice-Prés.*
Preschac, *Secrétaire et Trésorier;*
L'abbé Noel, curé de Briey, *Archiviste.*

Après cette proposition, M. Abel lit une courte notice sur des *Objets Gaulois trouvés à Thionville*, puis une seconde notice sur des *Monnaies Mérovingiennes.*

M. Migette présente à la Société une monnaie donnée par M. Muel, architecte de la ville et membre du conseil municipal. Cette pièce, très-intéressante, a été trouvée à Metz, au bas de la rue Sous-Saint-Arnoult, dans une dépendance de bâtiment. C'est un Charles II de Lorraine, évêque de Strasbourg et de Metz, et fils de Charles III, duc de Lorraine. On y voit les armes pleines de Lorraine. La pièce est bien conservée. On y lit ces mots : CAROL. D. G. CAR. LOTH. EP. ARGENT. ET. MET. 1603. Et au revers : ALSAS. LANGRAV.

M. l'abbé Ledain appelle aussi l'attention sur un florin d'or de l'empereur Sigismond de Luxembourg, donné à la Société par feu M. l'abbé Goullon. Sur cette pièce remarquable est empreinte l'image de S. Ladislas, roi de Hongrie.

M. Bellevoye, à son tour, présente plusieurs objets légués à la Société par M. Schoumacker, marbrier à Metz, mort il y a deux mois. M. Schoumacker habitait l'Avenue Serpenoise, 9, et il avait trouvé, dans les fondations de sa maison, plusieurs objets antiques, qu'il recueillit avec soin. Parmi ces objets, on remarque un Mercure en Bronze, des médailles romaines de Domitien, de Nerva, de Trajan et de Faustine; il y a aussi des urnes funéraires, deux vases romains de Trèves, une Fortune assise, et enfin trois plaques de faïence émaillée, qui proviennent de la rue des Roches. Ces plaques émaillées vertes, firent partie d'une cheminée. Elles sont de l'époque de la Renaissance, et curieuses par les sujets représentés : la *Luxure*, la *Gourmandise* et la *Colère*.

M. l'abbé Ledain fait lecture d'un travail intitulé : *Une découverte numismatique dans le département des Vosges. — Médailles romaines.*

M. Abel fait observer, que les médailles de Posthume sont les pièces que l'on trouve en plus grand nombre. A Marly, près de Metz, sur un millier de monnaies trouvées un certain jour, ces pièces étaient presque toutes des Posthume. On peut ajouter que les *Tetricus* sont aussi communs.

Après ces observations, M. Abel entretient de nouveau la Société du monument de la déesse gauloise Cirona, trouvé dans la vallée de Sainte-Fontaine, aux environs de Saint-Avold.

M. l'abbé Ledain commence la lecture d'une *Troisième Notice : Découvertes curieuses et inédites, dans les départements de la Moselle et du Bas-Rhin, de monnaies d'or, d'argent et de billon.* La Société décide que les diverses notices de M. l'abbé Ledain seront publiées dans le volume des *Mémoires*.

M. Abel fait, à son tour, une troisième communication écrite sur des *Monnaies espagnoles et brabançonnes trouvées à Usselkirch,* près de Thionville.

M. de Tinseau revient de nouveau sur la question de l'*Oratoire des Templiers*. Il trouve opportun que la situation archéologique de ce monument soit enfin éclaircie. Plusieurs membres se déclarent du même avis. Jusqu'à ce jour, la Société d'archéologie a eu la propriété du monument, ou du moins la tutelle; elle a payé une partie de l'entretien, et l'État s'est chargé du reste. On ignore quelles seront les vues de l'Autorité allemande, et c'est la solution de ce problème qu'il s'agirait de provoquer. Pour vider la question d'une manière naturelle, M. Migette propose à la Société, de décider qu'elle ira faire visite en corps et comme Société savante, à l'*Oratoire des Templiers*, et que l'autorisation de faire cette visite collective et officielle, sera préalablement demandée à l'Administration. Cette proposition de M. Migette est adoptée par la Société archéologique, à l'unanimité des voix.

M. Abel, revenant encore une fois sur les rapports à nouer entre la *Société archéologique de Metz*, et le *Comité de Briey*, demande que la collection des *Mémoires* et des *Bulletins* soit donnée à la ville de Briey, pour sa bibliothèque. En même temps, M. Abel propose une visite archéologique à Batilly, lors de la prochaine réunion, qui pourra se faire des deux sections de la *Société d'Histoire et d'Archéologie*.

Deux membres nouveaux sont admis, savoir : 1° *M. Muel*, architecte de la Ville et membre du conseil municipal de Metz, présenté par MM. Migette et Cordier; 2° *M. Varin*, architecte à Metz, présenté par MM. Bellevoye et Abel.

La Société ajourne sa prochaine séance au deuxième jeudi du mois d'octobre.

Travaux.

OBJETS GAULOIS TROUVÉS A THIONVILLE.

En été 1844, le génie militaire français fit creuser, dans l'intérieur du couronnement d'Yutz à Thionville, pour établir les fondations d'une nouvelle caserne de cavalerie. Ces travaux amenèrent la découverte d'un grand nombre de monnaies romaines au type de Nerva, de Tetricus, de Postumus et surtout de Constantin. Mais la découverte la plus importante fut celle de plusieurs objets en métal noirâtre qui disparurent sans qu'on ait pu les dessiner Quelques mois plus tard un ouvrier en apportait deux à M. Curicque père, orfèvre à Thionville, et il fut bien décontenancé quand on lui démontra que ce n'était que du cuivre. M. Curicque les acheta comme curiosité, et son fils les a gardés dans sa collection d'antiquités thionvilloises.

Ces deux antiques sont intéressants pour l'histoire locale.

L'un est une hache en bronze d'une parfaite conservation, mesurant 18 centimètres, et se partageant en deux parties égales, l'une formant le tranchant, l'autre est oxydée et se termine par un creux.

L'autre antique, est le pied d'un objet indéterminé (vase à parfum?), il a 8 centimètres de hauteur.

Ces deux objets se trouvaient sans doute près d'une tombe gauloise, et ils avaient servi aux sacrifices expiatoires qui accompagnaient d'ordinaire ces céremonies funèbres.

Le musée de Metz en possède déjà d'analogues trouvés à Pouilly et à Puxieux. Les deux objets trouvés à Thionville sont incontestablement des antiquités gauloises. Ils sont d'autant plus importants à signaler qu'ils sont les premiers objets gaulois trouvés à Thionville.

MONNAIE D'OR MÉROVINGIENNE TROUVÉE A THIONVILLE.

Thionville possédait au moyen âge trois portes : l'une, dite la Porte d'en Haut, regardait Metz, la Porte du Milieu s'ouvrait sur la Moselle, la Porte d'en Bas conduisait vers Luxembourg. Cette dernière seule a été conservée, grâce à ce qu'elle a changé de destination. On en a fait une poudrière vulgairement connue sous le nom de *Magasin tortu*, à cause de sa forme irrégulière.

Le génie militaire allemand est en train de renverser le rempart qui était adossé au Magasin tortu, depuis qu'en 1570 les Espagnols avaient ouvert plus près de la Moselle une nouvelle porte, qui n'a cessé de s'appeler la porte de Luxembourg.

Les travaux de déblais aux environs du *Magasin tortu*, c'est-à-dire de l'ancienne Porte d'en Bas, ont amené, en avril 1873, la découverte des fondations de l'enceinte du moyen âge qui défendait Thionville, quand cette place forte fut attaquée et prise d'assaut par le duc de Guise, en 1558.

Mais ces déblais ont donné lieu à une autre découverte bien plus inattendue, c'est la rencontre d'un tiers de sol d'or du type d'un empereur Justinien. Cette monnaie a été acquise par M. Curicque, orfèvre de Thionville, qui me l'a laissé étudier à mon aise. Elle est en or de très-bon titre, à neuf dixièmes de fin. Elle est un peu usée sur les bords. Elle pèse 1 gramme 35 et elle est d'une parfaite conservation.

Elle représente le buste d'un personnage imberbe tourné à droite, aux cheveux bouclés portant le bandeau royal en une couronne de laurier, revêtu du manteau impérial agraffé sur l'épaule droite. La légende coupée en deux par le haut de la tête : D.N.IVSTINI— ANVSSPAVG, nous apprend que nous avons sous les yeux l'effigie de seigneur Justinien toujours heureux Auguste.

Le revers nous montre un personnage debout la tête tournée à gauche, ailé et drapé, tenant de la main droite une couronne ou bandeau terminé par deux boules ou deux sceaux, et de la main gauche un globe crucifère et au-dessous de ce globe une étoile. La légende VICTORIA — AVGVSTORVM nous apprend que c'est le génie de la victoire que l'on a voulu représenter en souvenir de batailles gagnées, et aux pieds du génie on lit le sigle CONOB, que l'on présume être le sigle monétaire de Constantinople et être l'abréviation de CON(*stantinopoli*) OB(*signatum*).

A première vue ce sou d'or semble être une monnaie de l'empereur Justinien, qui régna à Constantinople depuis le 1er août 527 jusqu'au 14 novembre 565. Elle aurait été frappée en vue de perpétuer les victoires de Bélisaire, contre les Perses, en 545, contre les Vandales, en 554.

Cette heureuse trouvaille semblerait devoir s'ajouter à plusieurs autres monnaies d'empereurs romains du haut et du bas empire, en or, en argent et en bronze, faites dans les environs de Thionville :

Un Constance Chlore, à Saint-Pierre, en 1820 ;

Un Justin d'or, près la porte de Metz, en 1828 ;

Des Constantin en or, près de Marienthal et à Daspich en 1844 ;

Un Anastase d'or, à Kirschnaumen, en février 1858.

La collection messine du baron Marchant renfermait une petite monnaie de Justinien avec la légende VICTORIA AVG, commémorative, sans doute, de la victoire de Bélisaire, puisqu'elle portait la marque de Carthage, KART. (L.XVIII, f. 12). Elle provenait peut-être des murs de Carthage.

Cette découverte en 1873 d'une monnaie de Justinien me semble très-intéressante à un double point de vue historique.

Grâce aux minutieuses recherches des numismates français modernes, grâce à la belle collection de M. Ponthon d'Amécourt, nous savons que les rois Mérovingiens, pour donner du crédit à leur monnaie d'or, ne trouvèrent rien de mieux que d'imiter les sous d'or des empereurs qui régnaient à Constantinople. C'est ainsi qu'on est arrivé à découvrir que Gondemar, roi des Burgundes, a fait frapper des monnaies d'or au type de Justinien, durant son règne, qui s'étendit de l'an 527 à l'an 534. Elles portent de face Justinien en costume impérial avec la légende D.N. IVSTINIANVS P.P.ACV et au revers un génie avec la légende VICTORIA AVCCCC... et pour sigle S.

M. Ch. Robert a fait connaître les triens de Théodebert, frappés de 534 à 547, en Austrasie, au type d'Anastase, portant au droit D.N.ANASTASIVS, au revers une Victoire marchant à droite, avec palme dans la main gauche et une couronne dans la main droite VICTORIA AVGVSTI — dans le champ M — à l'exergue, au bas, CONOB; dans d'autres, le nom d'Anastase au-dessus, a été remplacé par celui de DN THEODBERTVS. (Collection de Metz.)

Clotaire II, roi des Francs, pendant les années écoulées de 584 à 628, fit aussi frapper des monnaies d'or imitées de celles de Justinien. Elles représentent cet empereur avec cette autre légende D.N IVSTINIANVS II ce que des auteurs ont traduit par Justinien II, ne remarquant pas que ce monarque byzantin n'était pas encore né, puisqu'il n'a régné qu'un siècle plus tard en deux fois, de l'an 685 à l'an 711. Le revers de cette monnaie imitée par Clotaire représente, comme celle de Gondemar, le génie ailé avec la légende modifiée de : VICTORIA AVSTV. On connaît, frappés par Childebert, de 593 à l'an 613, des sous d'or représentant un empereur et en légende DN IVSTI NIANVS PINC; au revers un monogramme où l'on croit trouver D.N.ELDE.S ; en légende VICTVIIA AVTVRVM et à l'exergue CON.

On le voit, notre monnaie justinienne, trouvée à Thionville, présente une autre variante des mêmes légendes. On y retrouve le nom de Justinien, accompagné des titres de *Semper Felix* AV*Gustus* qu'il prend dans l'intitulé de ses lois, surnoms qu'il devait remplacer en tête de ses Institutes par les épithètes bien plus sonores, mais bien plus menteuses de *Alemanicus, Gothicus, Francicus, Germanicus, Alannicus, Vandalicus, Africanus*, comme s'il avait soumis à sa domination les Germains, les Allemands, les Francs.

La légende du revers présente la variante de VICTORIA AVGVSTORVM. Si notre monnaie a été réellement frappée à Constantinople, elle l'aurait été en vue de perpétuer la mémoire des conquêtes des Augustes. Mais lesquels? S'agissait-il de Justinien et de son futur successeur, son neveu Justinien II. Ne s'agissait-il pas plutôt du célèbre Bélisaire? Cette conduite serait d'autant moins singulière que nous avons des médailles que fit frapper Justinien dans lesquelles il reconnait les services que rendait à son pays l'épée de Bélisaire, que l'Empereur devait briser ensuite, poussé par des intrigues de palais. On voit sur ces médailles d'un côté l'effigie du général byzantin entourée de la légende BELISARIVS GLORIA ROMANORVM, et au revers Justinien recevant de la main de Bélisaire les trophées conquis sur les Goths.

Mais je suis assez disposé à considérer cette monnaie comme une imitation mérovingienne. J'appuie ma conjecture sur le cachet barbare de certains détails d'exécution.

Le type de Justinien est assez correct au point de vue de la gravure, les plis des draperies sont raides, mais c'est le caractère des monnaies byzantines. Où l'on sent l'imitation mérovingienne c'est dans les lettres des légendes ; dans les S de Justinianus, de Semper, dans l'F qui se confond avec l'A d'Augustus et enfin dans le G d'Augustus ; dans les V de Victoria et d'Augustorum qui sont très-ouverts, dans l'S d'Augustorum, et dans le bijugué des RV d'Augustorum, et dans les O et B de Conob qui sont trop petits, et dans le C qui est hors de proportion.

Enfin le génie est grossièrement dessiné : ce sont deux points, qui indiquent le nez et la bouche, souvenir des monnaies gauloises ; ce sont trois points qui indiquent les doigts de la main. Les draperies du bas de la tuniqne semblent être des plumes, enfin l'ornement qui surmonte la tête est indéfinissable.

Je conclus donc que la pièce Justinienne, trouvée à Thionville, est une monnaie mérovingienne frappée sans doute à Metz par un roi austrasien, peut-être Sigebert, qui régna de l'an 561 à l'an 575 ; peut-être son fils Childebert II, qui occupa le trône d'Austrasie depuis l'an 575 jusqu'à l'an 596.

C'est une question neuve à étudier.

Cette découverte a de plus le mérite de montrer que la *ville de Thion* était déjà habitée au VIe siècle par de hauts personnages. Elle donne de la consistance à la tradition locale qui veut que Thionville ait été fondée par un général romain appelé Theodon.

MONNAIES TROUVÉES DANS LE CIMETIÈRE DE L'ÉGLISE D'USSELKIRCH.

En janvier 1873, on a trouvé enfoui, dans le cimetière de l'église antique d'Usselkirch, un certain nombre de pièces d'argent qui ont été achetées et conservées par M. Curicque, orfèvre à Thionville.

M. Abel en ayant eu connaissance est allé étudier ces pièces qu'il a reconnues pour être des monnaies du XVIIe siècle, les unes espagnoles, les autres brabançonnes.

En voici la description :

Un écu de Philippe IV, roi d'Espagne.

Dans le champ, l'écu des souverains d'Espagne composé des armoiries de Castille, d'Aragon, de Navarre, de France, de Naples. Légende : PH.....I.

Au revers, croix cantonnée de 2 lions et 2 châteaux. Légende A...

Deux petits écus de Philippe IV, roi d'Espagne.

Dans le champ, un lion debout brandissant une épée nue au-dessous d'un écusson ovale mi-partie d'Autriche? Légende : PH... S. ISP II... IA.R.NE.

Revers, dans le champ, l'écusson espagnol avec la date 16-24. Légende : CH...AV...RH.

Un petit écu de Philippe IV, roi d'Espagne.

Champ fruste... Légende : PHS...ISPZ REX DVX BRAB.

Revers, croix fleuronnée. Légende, MIHI ADIV... 76...

Cinq petits écus d'Albert, archiduc d'Autriche et d'Isabelle-Claire-Eugénie, fille de Philippe II, ducs de Bourgogne et de Brabant, le 6 mai 1598 après l'abdication du roi d'Espagne.

Champ, l'écu d'Espagne portant en cœur l'écu d'Autriche. Légende : ALBERTVS ET ELISABETH D.G. 1620.

Revers, croix fleuronnée cantonnée de 2 lions et 2 couronnes. Légende : ARCHIDVCES AV DVC BVRG ET BRABA.

Un petit écu d'Albert et d'Isabelle.

Un paon couronné, portant en cœur l'écu mi-partie d'Autriche et de...? Légende : ALB........I ELISABET GRA.....

Revers, l'écu d'Espagne; au cœur, l'écu d'Autriche. Légende : AR.... DVCES... BVRGBR Z.

Un petit écu d'Albert et d'Isabelle.

Croix fleuronnée avec un lion au centre.

Revers, écu d'Espagne.

Une monnaie

Croix formant une losange au centre, avec une croix pattée au centre. Légende : IAN IN VE V ATA.

Revers, écu écartelé aux 1 et 4 d'un château à 3 tours pointues, aux 2 et 3 d'un lion léopardé surmontant une croix pattée. Légende : VIO...L.VI 1663..... de chaque côté de l'écu I–S.

Dans son *Histoire de Thionville* Teissier s'occupe à plusieurs reprises de l'Archiduc Albert et de sa femme l'archiduchesse Isabelle-Claire-Eugénie qui, en qualité de ducs de Luxembourg, eurent l'occasion de venir souvent sur les rives de la Moselle visiter leurs sujets.

L'administration de ces deux époux, dit l'*Histoire de Thionville*, fut calme et assez heureuse « leurs monnaies sont assez communes, » Les têtes sont ou en regard ou bijuguées ; la légende est d'un » côté : ALBERTVS ET ELISABET.DEI.GRAT, et au revers, » ARCHID AVST DVCES BVRG ET BRAB. »

On voit que Teissier ne connaissait pas les types de nos monnaies trouvées à Usselkirch et surtout celle si curieuse représentant un paon couronné.

Teissier a raison de dire, comme le font les numismates, què ces monnaies sont communes, mais il est utile d'ajouter que ces monnaies avaient le grand mérite d'être d'un si bon aloi qu'elles furent acceptées au loin et même imitées. Les écus contenaient 13 loth. 8 grains d'argent fin dans le rapport de 8 écus 2/3 au marc brut, et 9 écus 3/4 au marc fin. On les appelait vulgairement des écus d'Albert ou *Albertus thaler*. En 1747 le duc de Brunswick en fit frapper ; en 1752 l'impératrice Marie-Thérèse en y ajoutant la croix de Saint-André ; le grand-duc Pierre de Russie en monnaya en 1753 ; les ducs de Courlande et de Livonie en 1753 ; les rois de Prusse Frédéric II en 1767, et Frédéric Guillaume en 1797.

Cette trouvaille confirme l'histoire qui nous apprend qu'en 1621 Philippe IV déposséda sa tante Isabelle de la souveraineté des Pays-Bas et il frappa monnaie comme archiduc d'Autriche et duc de Brabant.

Notre trouvaille est postérieure à l'an 1624 ; elle remonte peut-être à la guerre de Trente ans qui avait commencé en 1618.

Nous avons recherché à quelle époque l'archiduc Albert avec l'infante, son épouse, visita Thionville et ses environs. Nous avons découvert un itinéraire suivi par lui depuis Bruxelles jusqu'à l'Italie par la Suisse. C'était en 1598. Il vint à Usseldange le 15 septembre ; à Luxembourg le 21 septembre, et de là il passa à Sierck, prenant peut-être par Roussy, Usselkirch et Rodemack, et venait traverser la Moselle devant l'abbaye de Rettel, où il y a un bac établi depuis des siècles.

Au retour d'Italie, l'année suivante, ces deux altesses firent, le 16 août 1599, une entrée solennelle dans Nancy. Il y eut assemblée princière, on y dansa une pavane et une gaillarde. A la fin de la gaillarde l'infante alla prendre le duc pour danser, ce qui était un grand honneur.

Le lendemain, l'archiduc Albert et l'infante Isabelle arrivèrent à Pont-à-Mousson, où les complimenta l'évêque de Metz, à l'entrée de son diocèse ; le 19, les illustres voyageurs couchèrent dans le château de Novéant, et laissant à gauche la ville de Metz, ils vinrent à Thionville, où le gouverneur de la province de Luxembourg, le comte de Mansfeld, leur avait fait préparer une brillante réception dans le vieux château de Charlemagne. Le 21, ces princes partaient déjà pour Luxembourg, et le 23 ils étaient à Arlon, sur la route de Bruxelles.

La séance est levée à 5 heures. Y ont assisté : MM. Abel, Bellevoye, Cordier, le comte Durutte, Jacquot, Lambert, l'abbé Ledain, Migette, de Tinseau.

OUVRAGES REÇUS.

Lycée impérial de Metz. — Programme publié à la clôture de l'année scolaire 1871 - 1872.

Lycée impérial de Metz. — Programme publié à la clôture de l'année scolaire 1872 - 1873.

Friedrich der Grosse und die neue Wendung der preussischen politik. Ein Vortrag gehalten zum Besten des Victoria - Invaliden - Vereins von Dr Kromayer; Stralsund, 1867.

SÉANCE DU 9 OCTOBRE 1873.

PRÉSIDENCE DE M. ABEL.

M. Abel commence par entretenir la Société du *Comité de Briey*. Il annonce qu'il s'est mis en rapport avec les membres dudit comité, lesquels sont tout disposés à remplir leurs fonctions, de manière à constituer dans la ville française de Briey, une annexe de notre Société de Metz. Mais il y a cependant exception pour M. Preschac, qui n'est plus à Briey. En remplacement de ce confrère, sur lequel on avait compté, M. Abel propose de nommer M. Valtrini.

En prévision d'une séance archéologique, que M. Abel juge important de tenir à Briey, dans un moment propice, la conversation s'engage et demeure engagée assez longtemps sur le château de Batilly.

M. Abel indique un travail à faire sur Batilly. Le château est très-intéressant par son architecture, et ses restes sont fort bien conservés. On pourrait le décrire et entreprendre son histoire. De plus, M. Abel a découvert la charte de Giraumont, non loin de Batilly; on pourrait aussi en parler. Enfin il y a le manuscrit d'un curé sur Batilly; c'est une histoire assez curieuse du château et des environs ; on pourrait déjà mettre à contribution ce document, et en faire usage comme d'un point de départ pour les recherches.

M. Migette, qui a vu récemment ce château, et qui en a pris le dessin, dit qu'en effet, c'est un monument très-curieux pour les archéologues. On y voit encore une cheminée charmante, des machicoulis, etc. On peut aisément reconstituer tout le château d'après les parties qui en restent. Cependant il n'y a plus de créneaux. Quant au manuscrit relatif à Batilly, c'est celui de M. l'abbé Fournier, et cet ouvrage peut être effectivement consulté d'une façon très-utile.

Après cette conversation préliminaire, M. Abel s'occupe de la correspondance. Il annonce que notre Société a été invitée, dans le courant du mois d'août, à la réunion générale de toutes les Sociétés historiques de l'Allemagne, qui devait avoir lieu à Trèves, du 22 au 26 septembre 1873. Le docteur Ladrer, secrétaire du Comité, nous a transmis le programme des séances, qu'il a joint à sa lettre d'invitation. Prévenus trop tard de cette réunion, nous n'avons pu nous y faire représenter par aucun de nos membres.

M. Jacquot fait observer que M. l'abbé Georgens, notre docte confrère, s'est trouvé à Trèves pour le moment de ces réunions savantes, et qu'il y a pris part. Ainsi, la Société d'archéologie et d'histoire de la Moselle a été représentée au Congrès historique de Trèves, non pas d'une manière officielle, mais néanmoins d'une manière effective.

M. Abel parle ensuite d'un envoi récent de M. Robert, membre de l'Institut. C'est l'ouvrage de ce savant archéologue relatif à l'*Épigraphie gallo-romaine de la Moselle.*

Il y a, dans cette riche et précieuse collection, une variante à remarquer sur le commentaire de l'inscription d'Isis trouvée à Soissons. Le nom de METIS figure, comme on sait, dans cette inscription. Ordinairement on le traduit par *Metz*. D'après M. Robert, il y faut voir des fragments du mot ERMETIS ; ce qui présente un sens tout à fait différent.

M. Abel présente une médaille offerte par M. Prost. C'est un jeton frappé à Metz en 1608, lors d'une visite de Henri IV.

M. Abel présente encore trois monnaies d'argent appartenant à M. Cathelineaux, membre du Conseil municipal de Metz, qui en a fait l'acquisition pour la somme de 16 francs. Elles ont été achetées à Metz, dans la rue, auprès d'un paysan qu'on a vu aussi en étaler bon nombre sur la place d'Armes, et qui les donnait comme provenant d'un village avoisinant Sarrebruck. En présentant ces pièces, M. Abel les décrit comme il suit :

Sur des gros d'argent trouvés près des bords de la Sarre.

M. Abel fait remarquer l'importance du denier de Venceslas. C'est une pièce très-intéressante, dit-il, en ce qu'elle présente *pour la première fois* un aigle éployé à une tête. Il en résulterait que l'aigle prussien actuel est un emblème d'origine bohémienne.

M. Abel signale aussi le gros de Thierry V de Boppart, sous le rapport de sa beauté.

M. l'abbé Ledain répond que c'est une monnaie

assez commune. Sa beauté même ne la rend pas plus intéressante, car ces pièces sont toujours belles.

M. Abel dit que le nom de Falkenstein, que porte l'archevêque de Trèves Cunon, pourrait s'appliquer à plusieurs localités.

M. l'abbé Ledain pense qu'il s'agit ici très-probablement de Falkenstein, bourg situé entre Francfort et Mayence, à droite et non loin du chemin de fer du Taunus.

M. Abel présente ensuite deux boulets en pierre, offerts par l'entrepreneur des travaux exécutés pour le canal, au bas de la Citadelle. Le plus gros est endommagé et il ne subsiste plus qu'aux deux tiers; le plus petit est resté entier. Selon M. Abel, ces boulets proviennent sans doute du siége de Metz, en 1552, lors de l'attaque de la *Tour d'Enfer* et de la *Porte Serpenoise*. La Société reçoit avec reconnaissance ces deux objets intéressants.

M. Jacquot rend compte d'une visite qu'il a faite aux travaux de reconstruction de la Gare. Il a rencontré M. Gasse, entrepreneur des travaux, et il l'a prié de veiller à la conservation des objets antiques que les ouvriers pourraient déterrer dans les fouilles, surtout dans les terrains qui forment l'emplacement primitif de l'abbaye Saint-Arnould. Dans cette visite, M. Gasse s'est montré d'une obligeance extrême, et il a promis de conserver avec soin pour la *Société d'Archéologie*, tous les objets qu'on pourra découvrir et qui paraîtront dignes de l'intéresser à un degré quelconque. La Société accueille cette promesse bienveillante de M. Gasse avec une légitime reconnaissance.

M. Abel présente deux gravures de M. Bournac, restées dans sa famille à Metz, et récemment achetées par l'administration municipale. L'une de ces gravures représente la Cathédrale sous un double aspect, avec et sans les substructions. Elle porte au bas l'indication suivante :

Vue et perspective de l'Église Cathédrale de Metz, par François Bournac, écuyer, scelleur héréditaire en la chancellerie du parlement de Metz, ancien ingénieur des armées du Roy, l'an 1768, *la* 98me *année de son âge.*

M. Migette fait remarquer l'importance de cette gravure. Elle rend compte d'un motif devenu aujourd'hui embarrassant pour les archéologues. C'est la couronne d'un Christ qui figurait autrefois dans le petit portail ouvrant sur la place d'Armes et qu'on dégage actuellement. Le dessin rend cette couronne très-visible ; ce qui lève à présent toute difficulté. Il est reconnu qu'un Christ, couronné d'épines et placé sur le meneau principal de la porte d'entrée, étendait ses deux bras de part et d'autre au-dessus des petites portes.

M. l'abbé Ledain lit un travail intitulé : *Quatrième Notice. — Découverte numismatique à Werscheim, près de Sarrebruck.* La Société prête à ce travail une attention particulière, et le désigne pour être publié dans ses *Mémoires,* à la suite des trois *Notices* lues dans les séances précédentes. A l'appui de sa Notice, et comme pièces de conviction, M. Ledain avait présenté plusieurs monnaies de la découverte de Werscheim.

M. Abel, se faisant l'interprète de la pensée commune, dit que ce travail est en effet le fruit de recherches sérieuses.

La topographie gallo-romaine est déjà redevable à M. Ledain en plusieurs points pour ses découvertes, qui sont aujourd'hui acceptées, à Paris, par les membres de la Commission de la topographie des Gaules. Ceci s'applique particulièrement à ses *Observations sur le travail préparatoire de la Carte itinéraire des Gaules au Ve siècle*, qui ont paru dans les Mémoires de l'Académie de Metz, en 1870. C'est donc, à la recommandation des membres de la Commission de la topographie des Gaules, que M. le Ministre de l'Instruction publique de France, accorde, comme récompense à notre confrère, le *Dictionnaire d'archéologie celtique*. Ce succès honore en même temps notre Société. Il est à désirer que ces *Observations* de M. l'abbé Ledain et les *Lettres sur la station militaire et gallo-romaine de Caranusca* puissent être connues de nos voisins de la province de Trèves.

M. Abel demande à M. l'abbé Georgens de renseigner la Société sur les travaux du Congrès historique de Trèves. Il l'interroge en particulier sur la visite à la Bibliothèque et sur la *Mosaïque du Nennig*.

M. l'abbé Georgens répond qu'il a assisté à une séance seulement, à celle dont précisément M. Abel s'occupe avec plus d'intérêt. L'inscription de la Mosaïque de Nennig a été reconnue pour une mystification.

Déjà une mystification pareille eut lieu jadis à Rome, comme notre confrère le sait pertinemment, car ce fut lui qui en informa le célèbre peintre Overbeck, et celui-ci fit emprisonner les auteurs de la mystification.

M. Abel lit une étude *sur les Antiquités gallo-romaines de la Rosselle et de Merlebach*. Il propose ensuite ce travail pour figurer dans les *Mémoires*.

M. Abel lit encore une *Note sur le Musée des Frères de Beauregard*.

M. Durand de Distroff annonce que divers volumes sont arrivés à Briey, pour la Société.

M. Abel demande à M. l'abbé Ledain quel est l'état des publications de la Société.

M. l'abbé Ledain répond que les *Bulletins de l'année* 1872 et la *Table des matières* sont en cours d'impression. Il indique ensuite la composition du tome XIII.

Nos nouveaux confrères de cette année n'ayant pas encore droit aux *Mémoires* actuellement publiés, la Société décide qu'ils auront cependant le droit d'acquérir le volume XIIe et les bulletins de 1872, au prix réduit de 4 francs 50 cent., au lieu de 6 francs.

Le procès-verbal de la Séance précédente est lu par le Secrétaire, et adopté après quelques réserves et observations de M. le Président.

Quatre membres nouveaux sont admis, savoir :

1o M. Gautiez, architecte et adjoint au Maire de Metz, présenté par MM. Migette et Abel.

2o M. Maurice dn Coëtlosquet fils, présenté par MM. l'abbé Ledain et Cordier.

3o M. le docteur Zartmann, médecin-oculiste, présenté par MM. Jacquot et Migette.

4° M. Braunwald, architecte de la Ville, présenté par MM. Migette et Cordier.

Travaux.

NOTE SUR LE MUSÉE DE L'INSTITUT St-JOSEPH, A BEAUREGARD PAR M. ABEL.

Le Musée de l'Institut St-Joseph, à Beauregard, renferme, entr'autres antiquités, trois petites cruches en argile rouge des *œnochoe*, trouvées dans des sépultures romaines à 2 kilomètres de Porcelette, le long de la voie romaine devenue la route de Creutzwald. Ce musée renferme plusieurs monnaies au type de Postume et de Constantin, rencontrées dans le même endroit, au milieu de tuiles à rebords et de débris de patères ornementées, en argile rouge.

La séance est levée à 5 heures $^1/_2$. Y ont assisté : MM. Abel, Bellevoye, Cordier, Durand de Distroff, le comte Durutte, Frache, l'abbé Georgens, Jacquot, l'abbé Ledain, Migette.

OUVRAGES REÇUS.

Procès-verbaux des séances du conseil municipal (28 mars, 5 avril, 30 mai 1873).

Musée de Saverne. — Catalogue et description des objets d'art de l'Antiquité, du Moyen Age et de la Renaissance, exposés au Musée, offert par le Maire de Saverne.

Bulletin de la Société des sciences historiques et naturelles de l'Yonne, année 1872, 26e vol.

Bulletin de la Société des antiquaires de Picardie, année 1872, n° 4.

Épigraphie gallo-romaine de la Moselle. Études, par M. Robert, membre de l'Institut. Envoi de l'auteur.

General-Versammlung des Gesamptvereins der historischen Vereini.

Deutschlands in Trier vom 22. bis 26. September 1873. — *Local-Programme*. Envoi du Comité.

SÉANCE DU 13 NOVEMBRE 1873.

PRÉSIDENCE DE M. ABEL.

Le procès-verbal de la séance précédente est lu et adopté.

M. Abel annonce que MM. Migette et Gautiez, retenus à une séance du conseil municipal, regrettent de ne pouvoir assister à notre réunion de ce jour.

M. l'abbé Ledain a été chargé par M. Puyperoux d'exprimer les mêmes regrets.

M. Bellevoye, trésorier de notre Société, fait connaître que M. Rollin, président du Comité archéologique de Briey, a reçu une subvention accordée par le Ministre de France.

M. Lorrain communique une *Notice sur Wahl.*

La Société accueille avec un vif intérêt cette communication, qui introduit parmi ses travaux un nouveau genre de recherches, dont la spécialité et l'utilité sont manifestes aux yeux des vrais archéologues.

M. Abel communique deux *Notes sur de récentes trouvailles*, dont la première a été faite par M. Catherine, employé à la mairie de Metz, et la seconde par M. Didion (Alphonse), dans son chantier, à Beauregard, près de Thionville.

M. Abel rend compte de ses découvertes particulières. Elles sont assez nombreuses et intéressantes. Il y a cependant des plagiaires qui essaient de s'en adjuger la propriété; c'est le *Sic non vobis* de Virgile appliqué sur une assez grande échelle. M. Abel appelle sur ces plagiats l'attention de notre Société. En conséquence, il donne lecture de plusieurs passages de sa *Notice sur la Cathédrale de Metz.*

M. l'abbé Georgens annonce que M. le Colonel d'artillerie, directeur de l'arsenal, a accordé, pour le Musée de la ville, tous les obus qui manquaient à sa collection. La Société exprime sa reconnaissance pour ce don particulier et pour l'intérêt que M. le Colonel veut bien lui porter, et elle charge M. l'abbé de s'en rendre l'interprète.

M. Georgens adresse ensuite une question sur l'âge présumé de l'*Église Sainte-Marie*, qui est à la Citadelle, où elle sert de magasin au génie militaire, et qui paraît être très-ancienne. M. l'abbé Ledain répond que cette église, près de laquelle on passe sans y faire attention, est la plus ancienne de Metz et que sa construction peut avoir eu lieu à une époque voisine des temps mérovingiens. Le style de son architecture est celui de l'architecture romane primitive. Les ouvertures, ou les jours qui l'éclairaient, furent des baies peu hautes, peu larges et en plein cintre. Plusieurs de ces baies existent encore aujourd'hui; d'autres ont été transformées ou même entièrement murées. L'intérieur de l'église est divisé en trois nefs : les nefs latérales furent basses, et celle du milieu en est séparée, à droite et à gauche, par un rang de colonnes cylindriques avec des chapiteaux non décorés. Les arcades supportées par ces colonnes sont en plein cintre. Les voûtes des trois nefs, s'il en exista, ont été détruites. Par son architecture intérieure, l'Église de Sainte-Marie, de la Citadelle, paraît beaucoup se rapprocher de l'architecture intérieure de l'église de Saint-Germain-des-Prés, de Paris, qui est un édifice des temps mérovingiens. Cependant le cloître, qui se trouve au côté septentrional de l'Église de Sainte-Marie, n'est point de la même architecture; il appartient par son style au XIVe siècle (1).

Deux nouveaux membres, M. Geigel, conseiller de régence à Metz, et Grunewald, juge de paix à Metz, sont admis sur la présentation de MM. l'abbé Georgens et Jacquot.

Travaux.

NOTICE SUR WAHL

PAR M. LORRAIN, PÈRE.

Le nom d'un village de notre pays, Wahl, près de Faulquemont, avait depuis longtemps attiré mon attention.

On trouve ce nom écrit *Vahl, Wahl, Wall, Waller*. Dans les langues germaniques ces noms présentent l'idée d'un lieu retranché, d'un champ de bataille, d'un lieu de carnage (2).

---

(1) Le Génie allemand appelle cette église du nom d'*Église de Sainte-Marie*, mais c'est par suite d'une erreur sur les plans dressés par le Génie français; l'église et l'abbaye furent en réalité sous le vocable de saint Pierre.

(2) WAL, WALL, WALLE (*Germ. medii œvi.*, Scherz), champ de bataille, champ de carnage ; WALLE (All. et Néerl.), rempart, chaussée.

Le territoire de ce village aurait-il été le théâtre d'une bataille ignorée, ou tout au moins d'un campement? Je savais, par des renseignements que m'avait procurés un ami habitant du pays, qu'il y a encore à Wahl des traces apparentes d'un retranchement.

Ma curiosité était vivement excitée et je résolus, pendant les vacances dernières, d'éclaircir mes doutes et mes conjectures en visitant et examinant le terrain personnellement. Voici quel a été le résultat de mes investigations.

Au-dessous de Wahl est une prairie traversée par un ruisseau, que la route actuelle de Faulquemont à Grostenqnin franchit sur un pont. Au midi de ce pont, à côté et à gauche de la route, il y a un carré de terrain plat cultivé en jardinage, qui s'élève d'un mètre environ au-dessus d'une lisière de pré qui l'entoure. Ce carré porte le nom cadastral de *Hof*, cour, et une pièce de terre voisine s'appelle *Derrière-Hof*. La lisière de pré qui entoure le carré cultivé était autrefois un fossé, que le père des propriétaires actuels acheva de combler. Il combla également un puits qui existait dans un coin de la cour. Quand on cultive ce terrain, on met à découvert des débris de tuiles, de moellons, des pavés et quelquefois des menues monnaies anciennes. Le fossé de ceinture de la cour était alimenté d'eau par une dérivation du ruisseau qui coule à peu de distance au nord.

D'après ces renseignements, pris sur place auprès de l'un des propriétaires du terrain et de l'instituteur du village, il est évident qu'il y a eu là une ancienne *Hof* allemande ou cour de ferme, *hoba*, *huba* en bas latin, renfermant des bâtiments d'habitation et d'exploitation, et fermée par un fossé bordé probablement d'une palissade, pour la mettre à l'abri des maraudeurs.

Ce genre de construction a été fort en usage au moyen âge pour l'exploitation des domaines ruraux, sous les noms de cour, manoir, fermeté, ferté, baille, boel, etc.

Je ne pus découvrir ni dans les traditions, ni dans les noms des cantons de terre ou lieux-dits, aucune trace d'une bataille qui se serait livrée dans ces localités.

Il me resta la conviction que le village doit son nom et son origine à cette *Hof*, qui fut fermée dans le principe avec des palissades tirées du défrichement d'une forêt et que l'on appela d'abord *Pfalz* ou *Pfahl*, puis *Phalz*, *Vahl* et *Wahl*, l'enceinte palissadée.

Les hardis pionniers de l'Amérique procèdent encore de la même manière, quand ils défrichent une forêt vierge. Ils commencent par construire une vaste enceinte fermée par des troncs d'arbre, pour y mettre en sûreté le bétail, les instruments d'agriculture et les habitations. Tel est souvent le commencement d'un village et même d'une ville. C'est donc à une enceinte pareille que le village de Wahl doit son nom.

Il y a près de Laning une église isolée qui sert de paroisse aux quatre villages d'Ebersing, Laning, Lixing et Fremestroff. Cette église porte aussi le nom de *Wahl*, que l'on écrit quelquefois par erreur *Val*, comme si c'était un mot français. Il est indubitable que c'est un nom allemand, et que c'est dans cette langue qu'il faut en chercher l'explication. On serait tenté de l'interprêter par *Wahl*, choix, option, parce que les quatre villages qui concoururent à l'érection de l'église, durent faire élection entr'eux de l'emplacement central où elle fut construite.

Mais une étymologie bien plus simple et bien plus probable est celle de *Wahl*, enceinte palissadée. L'église fut bâtie comme à l'ordinaire au milieu d'un cimetière, fermé primitivement d'une palissade, plus tard d'une muraille qui garda le nom primitif de la palissade (1). Le nom de palais, *palatium*, malgré la haute idée que nous en avons, n'a pas une origine plus relevée, *septum palis*. Ainsi l'église isolée de Wahl doit son nom à son enceinte palissadée, qui a pu servir à ses paroissiens de forteresse et de lieu de refuge au moyen âge.

Ainsi le village de Wahl-lès-Faulquemont doit son nom à une enceinte pareille. Quelquefois ce nom s'ajoute au nom du propriétaire ou du fondateur primitif du manoir, comme dans *Wahl-Ebers-ing*, l'enceinte palissadée du domaine de Hébert.

Nous avons dans le vieux français des formes correspondantes : *Vaille*, *Baille*, cour fermée de palissades. *Vagl* (Dom Carpentier), parc à moutons ; *Ballia* (bas latin), domaine rural ; *Bayle*, *Boel*,

---

(1) Comparer *Wall*, angl. *Walla*, *Wallia*, bl. muraille.

vaste cour fermée de pieux, qui fut la demeure des premiers seigneurs normands.

Les noms topographiques français, dont la forme est Val, Le Val, Vaux, et leurs composés, ne proviennent pas tous de *Vallis*, vallée; bon nombre proviennent de *Vallum*, la palissade, le retranchement fait avec des palis. Mentionnons seulement dans notre pays Basse-Wal, ferme près de Longuion; Baille-en-Haut, sur la colline de Plantières, ancienne cour de ferme, qui fut incendiée lors du siége de Metz en 1444; Vallières et L'Hautvallières, que l'on a corrompu en Leauvallière, ces derniers provenus de *Valerium* b. l., lieu clos de palis pour en faire soit un jardin, soit un parc à bétail, soit une maison d'exploitation rurale. Dans plusieurs de nos villages il y a un canton de terre ou de jardin qui porte le nom de Vallière, en patois *Vélire*, canton clos de palissades, racine *Vallus*, pieux.

En terminant, reconnaissons que ce petit village de Wahl-lès-Faulquemont, s'il a trompé notre attente au sujet du champ de bataille que nous espérions trouver sur son territoire, nous a fourni l'explication de bien des noms de villages français et allemands.

NOTE PAR M. ABEL.

M. Catherine, employé de la mairie, communique qu'il a trouvé dans la maison n° 22 de la rue de l'Evêché, deux oboles en cuivre de Constantin.

1. Face, Constantin tourné à droite, casque en tête.
Revers : Autel, PRO VOTIS. Frappée à Trèves. P.TR.

2. Face, Constantin tourné à droite, bandeau impérial.
Revers: barbare à genoux aux pieds de l'empereur. Frappée à Trèves. P. TR.

Deux sols messins : M. 1555 et M. 1650.

Ecu de la cité mi-partie d'argent et de sable.

Un petit écu de Louis XIV au double L.

Un jeton en cuivre de Louis XIV, en souvenir d'une victoire.

M. Didion (Alphonse) communique une monnaie en cuivre, trouvée dans son chantier, à Beauregard, devant la porte de Metz, à Thionville. C'est un sou en cuivre frappé sous Auguste. L'empereur en buste tourné a gauche avec les foudres de Jupiter dans le champ — DIVVS AVGVSTVSPATER.

Revers : Rome assise entre l'indication du sénatus-consulte qui ordonna la frappe de cette monnaie, S.C.

La séance est levée à quatre heures et demie; y furent présents : MM. Abel, Bellevoye, Braunwald, Cordier, Durand de Distroff, l'abbé Georgens, Jacquot, l'abbé Ledain et Lorrain.

OUVRAGES REÇUS.

Der Regierungs-Bezirk Lothringen. Statistisch-topographisches Handbuch, Verwaltungs-Schematismus und Adressbuch. Herausgegeben von Georg Lang; Metz, 1873.

L'Abbé Ad. LEDAIN,

Archiviste et Vice-Président.

SÉANCE DU 11 DÉCEMBRE 1873.

PRÉSIDENCE DE M. L'ABBÉ LEDAIN, VICE-PRÉSIDENT.

Le procès-verbal de la précédente séance est lu et adopté.

M. l'abbé Ledain fait connaître en peu de mots l'état des impressions qui se font pour la Société.

M. Durand de Distroff lit un court rapport sur les publications de la Société archéologique de Luxembourg, pour l'année 1872, dont le volume nous a été adressé.

M. Dufresne demande si l'on possède, à Metz, des sceaux de l'abbaye de *Saint-Martin-devant-Metz*, qui datait de l'an 1200, et dont les restes ont été en grande partie employés pour la construction de la digue de Wadrineau. Cinq ou six sceaux en cire de cette abbaye ont été découverts aux Archives de la Meurthe, à Nancy, et ils sont d'une remarquable conservation. M. Dufresne se propose d'offrir une empreinte du sceau au Musée de Metz, qui possède déjà une très-nombreuse suite de sceaux et d'empreintes, mise dans un très-bel ordre par les soins de M. Victor Jacob, ancien bibliothécaire de la ville, à qui même on en doit une description détaillée, destinée à être bientôt imprimée dans les Mémoires de notre Société.

D'après la tradition et l'histoire, la première abbaye de *Saint-Martin-devant-Metz* avait été construite à mi-côte du mont Saint-Quentin ; détruite pendant les guerres du moyen âge, une nouvelle abbaye plus belle et d'une plus riche architecture fut rétablie au bas de la montagne. C'est des ruines de cette dernière que beaucoup de matériaux ont été extraits pour la construction de la digue de Wadrineau. Le nom du Ban-Saint-Martin rappelle au souvenir la célèbre abbaye, dont il ne reste plus aujourd'hui aucune trace, tant les habitations modernes et les nombreux jardins ont transformé les lieux anciens.

A l'occasion des sceaux de l'abbaye de Saint-Martin, MM. Dufresne et l'abbé Ledain présentent quelques observations destinées à faire comprendre la différence qu'il y a entre les sceaux, qui ne sont que des empreintes en cire, et les sceaux de cuivre, ou d'un autre métal, qui ont servi à produire ces empreintes. Cependant il arrive souvent que, faute d'une explication suffisante, les uns et les autres sont appelés du nom de sceaux, de façon qu'il est impossible de savoir s'il s'agit simplement d'empreintes de cire ou d'une autre matière, ou s'il est question des sceaux métalliques qui les ont produites et formées. Ces derniers seront donc plus exactement désignés sous le nom de *sceaux-matrices*. Ils ne sont, en général, pas rares, mais tous ceux que l'on peut trouver chez les marchands de curiosités et d'antiquités ne sont pas toujours authentiques ; il y en a évidemment de faux et d'imités. M. l'abbé Ledain a vu au moins trois *sceaux-matrices* de bronze, de l'abbaye de Saint-Symphorien *juxtà muros Metenses;* ils étaient tous trois semblables entre eux. Or, il n'est pas vraisemblable que Saint-Symphorien-hors-des-Murs ait ainsi possédé trois sceaux pour sceller les documents qui l'intéressaient et avaient de l'importance. On convient généralement que les *sceaux-matrices* authentiques doivent être munis, par derrière, d'un appendice du même métal, percé d'un trou et auquel s'adaptait une espèce de tige ou de poignée, à l'aide de laquelle on produisait les empreintes de cire que nous voyons quelquefois attachées au bas des plus vieux parchemins, des chartes et des titres anciens.

Après ces explications sur les sceaux, cinq nouveaux candidats sont présentés pour faire partie de la Société d'archéologie : MM. Braun et Wenger, pasteurs évangéliques, sont présentés par M. Migette, vice-président, et MM. Roehl, Pâté et Rahlenbeck le sont par MM. Jacquot, secrétaire, et Frache.

Un membre fait observer qu'il serait peut-être à propos de n'admettre aujourd'hui qu'une partie des candidats présentés, et de remettre à la prochaine séance l'admission des autres. Deux autres membres opinent dans un sens différent, et disent que l'admission des cinq candidats peut avoir lieu sans aucune remise. Comme il n'est point fait d'objection à ce dernier avis, l'admission des cinq candidats proposés est mise aux voix et votée. Plusieurs membres n'ont pas pris part au vote; peu de moments après, et pendant que la séance dure encore, quelques-uns d'entre eux quittent la salle.

M. Migette propose de charger M. l'abbé Gœrgens,

qui accepte, d'un rapport à faire sur les travaux de la Société archéologique de Trèves.

M. le Vice-Président reçoit, séance tenante, une lettre de M. Abel, président, et en donne lecture à la Société.

M. Lorrain communique une notice qui a pour titre : *Les Mortiers en pierre du Musée de Metz.*

M. Jacquot continue la lecture de son *Histoire des Écoles d'Austrasie*, ouvrage assez étendu qu'il avait commencé de lire à une précédente séance ; la Société, par l'organe de son vice-président, en loue beaucoup le fond, le style et la forme.

M. Puyperoux rappelle une proposition qui a été faite par M. Migette au Conseil municipal, et dont le but est de visiter les anciennes maisons à démolir, et d'en faire dessiner ou photographier les parties intéressantes ou curieuses pour l'histoire de l'architecture des siècles passés, dans la ville de Metz.

M. Puyperoux offre aussi trois photographies qui sont données par la ville à notre Société.

Travaux.

RAPPORT SOMMAIRE SUR LES PUBLICATIONS DE LA SOCIÉTÉ ARCHÉOLOGIQUE DE LUXEMBOURG, POUR L'ANNÉE 1872,

PAR M. DURAND DE DISTROFF.

Les membres de la Société archéologique de Luxembourg, nos voisins, nous ont adressé le volume de leurs publications pour l'année 1872. On y peut remarquer, en fait de travaux de fond, la

Table chronologique des chartes et diplômes relatifs au règne d'Albert II, duc de Luxembourg (1437-1439); une Notice sur les travaux de démantèlement de l'ancienne forteresse; un Coup-d'œil historique sur les conflits et les anciennes querelles et hostilités entre Luxembourg et Trèves, Luxembourg et Bar, et Luxembourg et la Lorraine. Il y a aussi quelques renseignements au sujet de la destruction de l'abbaye d'Altmunster, qui se trouvait dans un des faubourgs de la ville. Puis, vient une Notice assez étendue sur l'ancien couvent des Frères-Mineurs, à Luxembourg, par le P. Pruvost, de Liége. La collection importante des monnaies romaines du docteur Elberling n'est point oubliée. Il est encore fait mention de l'Obituaire de l'abbaye d'Echternach, et de deux chartes inédites qui ont rapport au village de Marange, près de Metz, et sont datées des années 1308 et 1587. L'une a pour titre : *Record ou déclaration sur la souveraineté de Marange.* Notice historique sur la terre de Marange reconnue appartenir au duc de Luxembourg. Ce sont deux documents étendus et très-intéressants pour ceux qui aiment à connaître l'état des terres, depuis l'an 745, d'un village qui dépendit de la châtellenie de Thionville. Les deux documents sont écrits dans la langue du nord de la France, et nullement en allemand, ce qui, pour le dire en passant, prouve bien que le pays de Thionville était à juste titre appelé le *Luxembourg français*. Il y aurait peut-être lieu de rapprocher les deux chartes de quelques autres documents, cités dans un grand procès au Parlement de Metz, et qui se trouvent imprimés dans de volumineux factums que j'ai vus chez deux de nos honorables confrères, M. Cailly, et M. Paul de Mardigny, de regrettable mémoire. Ces derniers documents n'ont malheureusement pas été à ma disposition.

LETTRE DE M. ABEL.

« Metz, le 11 décembre 1873.

» MONSIEUR LE VICE-PRÉSIDENT,

» J'étais venu à Metz avec la pensée de présider la séance de demain de notre Société, mais je me vois rappelé par mes affaires à ma maison de campagne de Guénetrange ; je vous prie donc de m'excuser près de la Société et de vouloir bien la présider en mon absence.

» Je me proposais de lui communiquer un petit travail sur trois tronçons de colonnes milliaires, inconnues et découvertes par moi, le long de la voie romaine de Trèves à Metz, à Daspich sur la Fensch, à Guénetrange et à Susange sur la Kiesel. Je renvoie cette communication à notre première séance. Je me proposais aussi d'appeler l'attention de la Société sur des travaux historiques modernes, qui ont rapport à notre pays, et qui sont dus à la plume d'écrivains allemands. Ce sont des épisodes du siége de Metz par Charles-Quint, en 1552, et des récits des premiers temps de l'annexion des Trois-Evêchés à la France.

» Dans ces études, l'armée française est fort malmenée, comme on doit bien s'y attendre ; mais il serait très-important de savoir les sources auxquelles ces renseignements ont été puisés. La Société n'ignore pas que Vincent Carloix, dans les Mémoires de Scepeaux de Vieilleville, raconte que vers 1554 le dernier maître-échevin élu, Androuin Roucel, est mort d'une attaque d'apoplexie aux pieds du gouverneur français, en apprenant que Metz allait perdre ses franchises communales. M. d'Hannoncelles, dans *Metz ancien*, M. Prost, dans la *Revue d'Austrasie* de 1854, ont démontré que cette mort tragique d'Androuin Roucel était une fable légendaire. Elle n'en est pas moins acceptée comme un fait historique par les écrivains allemands, qui semblent ne pas soupçonner que depuis un demi-siècle il s'est écrit bien des choses sur Metz, à Metz même.

» Je ferai la même observation sur la note du *Metzer Zeitung* concernant Hermann de Munster, le peintre verrier de la Cathédrale ; note que M. Jacquot, notre secrétaire, s'est chargé de traduire pour l'insérer dans notre Bulletin. L'auteur de cet article semble ignorer que M. Abel a publié, dans les Mémoires de notre Société, une étude sur l'œuvre d'Hermann de Munster. L'écrivain allemand donne cet artiste comme un grand maître dans la littérature allemande. Il serait intéressant de savoir sur quelles données s'appuie cette affirmation.

» M. Braunvald, architecte municipal, devait payer sa bienvenue par un aperçu critique et archéologique des singulières réparations essayées à l'extérieur de la cathédrale de Metz, depuis quelques mois; mais une commission du conseil municipal, relative à la reconstruction des moulins du canal Le Prêtre oblige M. Braunvald à remettre sa communication à une autre occasion.

» Je dois faire connaître à notre Société que cet architecte, dans les projets de reconstruction des moulins municipaux, a mis à profit les travaux des archéologues messins pour faire sculpter, sur le fronton de cet établissement, les armes de la cité de Metz, en style archaïque.

» M. Prost nous annonce l'envoi de son livre sur les *Paraiges messins*, avec deux planches de sceaux. Cette œuvre ne peut manquer d'être accueillie avec tout l'intérêt qui est dû aux recherches consciencieuses de notre honorable et érudit confrère.

» M. de Bouteiller, de son côté, nous annonce l'envoi prochain de son *Dictionnaire topographique de l'ancien département de la Moselle*. A ce sujet, il serait bon que les membres de la Société voulussent bien faire connaître les noms divers, en patois, en langue française, ou en langue allemande, des localités qu'ils habitent à la campagne, en dehors de Metz.

» Veuillez agréer, mon cher Vice-Président, ainsi que mes confrères, avec mes regrets, l'hommage de mon respectueux dévouement,

LES MORTIERS EN PIERRE DU MUSÉE DE METZ,

PAR M. LORRAIN PÈRE.

En parcourant un jour la galerie de notre musée lapidaire, mes regards se sont arrêtés sur quatre pierres creusées en forme de mortier, percées d'un trou dans le fond. Je me demandais à quoi avaient pu servir ces instruments inusités, dont la pierre blanche semblait devoir remonter à l'époque gallo-romaine. Bien des opinions se sont produites, ici et ailleurs, sur leur destination, depuis celle qui en fait un vase en usage dans les sacrifices, jusqu'à celle qui les considère comme de simples ustensiles de cuisine.

S'il m'est permis de joindre mes conjectures à celles d'archéologues plus expérimentés que moi, je dirai que dans mon opinion ces vases, analogues aux mortiers de nos laboratoires, étaient en réalité des ustensiles de cuisine. Voici mes raisons :

Ces vases ont été trouvés en assez grand nombre, entiers ou brisés, dans les fouilles faites à Metz et aux environs. Ils étaient donc d'un usage assez répandu.

La pierre grossière et tendre dont ils étaient faits, le boulet aplati dont on se servait en guise de pilon pour écraser les matières qu'on y mettait, et surtout le trou dont ils étaient percés au fond, prouvent qu'ils étaient destinés à écraser des matières molles et pulpeuses pour en recueillir les sucs.

Ils étaient par exemple propres à faire du verjus et du moût. Avec le boulet que l'on tenait à la main on écrasait les raisins contre les parois du vase, et le jus s'écoulait par le trou du fond. Si l'accumulation du marc arrêtait l'écoulement par le fond, on versait le jus qui surnageait, par la gouttière ménagée à cet effet dans le bord supérieur.

Il est certain que nos aïeux faisaient un grand usage du moût, et ces mortiers posés sur un trépied étaient très-commodes pour s'en procurer instantanément, tant que l'on avait du raisin. Après avoir exprimé le moût, on le passait au *colum* en osier ou en jonc, qui retenait les pepins et les peaux, *colum* qui était en usage chez les Romains.

En examinant ces mortiers, il me revint à la mémoire un bien vieux mot de notre langue *frossier, frosser*, et, dans la *Chanson de Rolland*, où le *u* tient lieu de *o*, *fruisser*, mot venu du latin avec le sens de briser, broyer. Je me rappelai en même temps qu'un des mets les plus recherchés de nos aïeux, c'était les *pucins frossiés au moust*. Nos chroniques messines en font mention plus d'une fois. L'explication de l'usage de nos mortiers de pierre ne serait-elle pas là?

Le même mortier, qui servait à écraser les raisins, servait à *frossier*, c'est-à-dire à broyer les tendres poussins. Il est probable qu'on les réduisait en une sorte de pulpe ou sarcocarpe, que l'on faisait cuire dans le vin doux mêlé au sang des *pucins* (1). Voilà, ce me semble, l'explication naturelle de cette teinte rouge, de cette coloration brune, que l'on a remarquée, non-seulement dans l'intérieur du vase, mais au pourtour extérieur du trou dont il est percé.

Les *pucins frossiés au moust*, qui étaient le régal de nos bons aïeux, sont aujourd'hui complétement ignorés. C'est de la cuisine tombée dans le domaine archéologique, comme les mortiers de pierre percés d'un trou, qui servaient à la préparer.

La séance est levée à cinq heures ; y furent présents : MM. Cordier, Dufresne, Durand de Distroff, Frache, Gautiez, l'abbé Gœrgens, Grünewald, Jacquot, Lambert, l'abbé Ledain, Lorrain, Migette, Muel, Puyperoux, Sendret et de Tinseau.

(1) *Pucin* est le mot encore en usage dans le patois messin.

OUVRAGES REÇUS.

Annales de la Société d'agriculture, sciences, arts et belles-lettres du département d'Indre-et-Loire, publiées sous la direction de M. l'abbé C. Chevalier. Livraisons n°s 5, 6 et 7. Mai, juin et juillet 1873. Tours, 1873.

Annales de numismatique, publiées par F. de Saulcy, Anatole de Barthélemy et Eugène Hucher. — Prospectus ; octobre 1873.

Revue de l'Art chrétien, recueil mensuel d'archéologie religieuse, fondé et dirigé par M. l'abbé J. Corblet, chanoine honoraire, historiographe du diocèse d'Amiens, etc. — Prospectus.

Huit jours après la séance du 11 décembre, M. Jacquot, à la suite d'une conférence avec M. le Vice-Président, lui a adressé, par écrit, sa double démission de *secrétaire* et de *membre* de la Société d'archéologie. Aussitôt après l'avoir reçue, le vice-président a écrit à M. Durand de Distroff pour le prier de vouloir bien, en attendant l'élection d'un nouveau secrétaire, reprendre momentanément la plume qu'il avait autrefois tenue pour la rédaction des procès-verbaux de la Société. M. Durand de Distroff lui a répondu que ses longs séjours loin de Metz devaient l'empêcher d'accepter la proposition qui lui était faite, et que, cependant, il pourrait, le cas échéant et seulement par exception, tenir la plume pour rendre compte de nos séances.

En l'absence de M. Abel, président, retenu alors à la campagne, trois autres démissions écrites ont été apportées au vice-président : elles sont, la première, de M. l'abbé Lennuyeux, curé de Plappeville, sous la date du 11 décembre ; la deuxième, de M. Viansson, sous la date de Nancy le 21 décembre, et la troisième, de M. l'abbé Remy, curé de Lorry-lès-Metz, sous la date du 29 du même mois.

Toutes ces démissions seront jointes au dossier de la Société d'archéologie, pour l'année 1873. Il en sera de même d'un projet de réponse que M. le Vice-Président allait faire à la lettre de M. Jacquot, secrétaire et membre démissionnaire, lorsque ce dernier est venu le trouver.

Il n'y a qu'un petit nombre de jours écoulés depuis que la collection des *Bulletins* et des *Mémoires* de la Société d'archéologie a été préparée pour être adressée à M. Rollin, maire à Briey, et faire partie de la bibliothèque du Comité d'archéologie, qui s'y est formé sous les auspices de notre Société. Tous les *Bulletins* avec leurs Tables de matières et les *Mémoires*, imprimés pour les années 1870, 1871, 1872 et 1873, ont été compris dans l'envoi adressé.

Par une lettre, en date de Paris du 4 avril 1873, M. le vicomte de Ponton d'Amécourt, à la suite d'une demande de renseignements, avait exprimé le désir d'échanger les publications de la *Société française de numismatique*, dont il est président, contre les publications de notre Société. Cette proposition ayant été acceptée par nous, l'envoi de nos *Bulletins* et de nos *Mémoires* fut fait à la *Société française* de Paris. Nous pouvions donc nous attendre à recevoir aussi la collection des publications de cette Société ; mais il n'en a rien été, et, par une lettre, en date de Paris du 16 mai 1873, M. de Belfort, trésorier de la Société, m'a appris qu'elle n'adresse rien aux Sociétés correspondantes. Nous en sommes donc pour nos frais ; aussi n'enverrons-nous plus rien.

Metz, le 23 avril 1874.

L'Abbé Ad. LEDAIN,

Archiviste et Vice-Président.

TABLE DES MATIÈRES

Années 1873 & 1874.

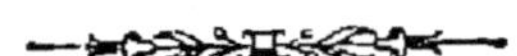

Metz, Imp. J. Verronnais.

www.ingramcontent.com/pod-product-compliance
Lightning Source LLC
LaVergne TN
LVHW082354160826
845678LV00008B/1841